Mein Kleider Kasten

Mit finanzieller Unterstützung von:

Gefördert durch das Land Niederösterreich

Studienvertretung Soziologie am Institut für Soziologie der Universität Wien

Land Niederösterreich Wissenschaftsförderung

Soroptimist International Club Mödling
„We stand up for women – zur Verbesserung der Lebenssituation von Frauen und Mädchen."

Sponsorin Ursi Fürtler

Sponsorin Johanna Haimberger

Elizabeth Baum-Breuer

Mein Kleider Kasten

WEIBLICHE LEBENSFREUDE BIS INS HOHE ALTER

Ein Bilder-Buch und Leitfaden
für Biographiearbeit

*In Erinnerung an Florette Pirquet, meine Mutter,
und Käthy Mautner, meine Großmutter*

*Für meine Töchter und Enkelkinder
Jenny, Rebecca, Leonie und Louis*

Inhalt

S 8 Vorwort von Barbara Rett

S 10 Einleitung

S 15 Teil 1 – Biographiearbeit
Methoden von Biographiearbeit mit älteren Menschen
Begleitung von Biographiearbeit
Spezifische Biographiearbeit mit älteren Frauen

S 23 Teil 2 – Mein Kleiderkasten
WEIBLICHE LEBENSFREUDE BIS INS HOHE ALTER
Ein Bilder-Buch und Leitfaden für Biographiearbeit

- S 27 Ideen für einleitende Fragen
- S 31 Ideen für Detailfragen zu spezifischen Themen
- S 31 Kleider in meiner Kindheit
- S 39 Besondere Kleider
- S 51 Kleider in den 4 Jahreszeiten
- S 63 Lieblingsstücke
- S 75 Meine Farben
- S 85 Besonderer Schmuck

S 93 Teil 3 – Biographische Gespräche

- S 94 Studie „Modefreuden – Kleidung als Aussage über Identität und Lebensgeschichte älterer Frauen"
- S 166 Schlüsselthemen aus den Ergebnissen der Studie

S 183 Epilog

S 184 Danksagung

S 186 Literatur

Vorwort

ES GIBT NUR ZWEI GEBOTE*, AN DIE FRAU SICH WIRKLICH HALTEN MUSS.

1 *Trage niemals zu kurze Röcke oder zu enge Kleidungsstücke.* Sie machen dich Jahre älter (fünf mindestens).

2 *Betrachte dich selbst illusionslos, aber nicht lieblos.* Alt zu sein oder alt zu werden, ist keine Schande. Es ist das Natürlichste der Welt und betrifft alles Lebendige.

3 *Die Zeit:* „Allein man muss sich auch vor ihr nicht fürchten. Auch sie ist ein Geschenk des Vaters, der uns alle erschaffen hat."
(Richard Strauss, Hugo von Hofmansthal: Der Rosenkavalier)

4 *Sortiere aus, was nicht mehr adäquat ist.* Lass dir dabei ruhig Zeit. Zwei Jahre zur Seite gehängt und dann ein Jahr in einer Schachtel, sind vollkommen ok.

5 *Schenken macht Freude.* Aussortiertes an Menschen schenken, denen es gut steht; zumindest zur Carla oder Altkleidersammlung oder zu Neuem umarbeiten – meine allererste fesche Bluse begrüßt mich aus dem Fleckerlteppich.

*siehe Punkt 10 und 11

6 ***Mache jungen Frauen Mut, sich nicht für ihren Körper zu schämen, sondern ihn zu mögen.*** Sie haben es echt schwer heutzutage mit dem ganzen Schönheitswahnsinn.

7 ***„Count your blessings" und gehe dem Perfektionismus nicht in die Falle.*** Ja, ich habe schrumpelige Oberarme und einen faltigen Hals, aber auch schöne Hände/Brüste/Haare …

8 ***Sei neidlos und freue dich an der Schönheit anderer.*** Neid macht dich verbittert. Verbitterung macht hässlich. Freude macht dich schön!

9 ***Entscheide selbst.*** Wenn du Rat brauchst, frage die Person, der du zu 100% vertraust. Wenn du mehrere fragen musst, folge ohne Zögern dem Rat der Mehrheit.

10 ***Wirf alle meine Gebote über den Haufen, außer dem 11ten.*** Ich habe es aus einer Diskussion zum Thema Alter.

11 ***Es ist einfach und lautet:*** „Wenn du nicht mehr schöner werden kannst, musst du gütiger werden."

Barbara Rett

Einleitung

MODE UND KLEIDUNG können Ausdruck von Identität und Lebensgeschichte sein. Sie bieten einen Ausgangspunkt für eine ganz besondere Analyse des Alterns[1] und sind daher von Interesse für die Auseinandersetzung mit Alterungsprozessen.

In der umfassenden Generali Altersstudie[2] wird der Begriff „Alter" wie folgt erklärt:

Alter ist eine Aufgabe, es kommt auf uns zu als individueller und gesellschaftlicher Gestaltungsauftrag. Es ist nicht gegeben, kein einfaches natürliches Attribut, sondern etwas, das wir ‚tun'. Es kann verändert werden und es soll gestaltet werden. Alter ist ein biologischer Prozess, der sozial, kulturell und psychisch beeinflussbar ist.

Diese Begriffserklärung führt zu unserem Thema, denn Mode und Bekleidung sind ein Teil der Gestaltung des Alters.

Ob wir nun an Mode interessiert sind oder nicht (Und die Damen, die dieses Buch lesen, werden es wohl vermutlich sein!), Kleidung betrifft uns alle, sie ist ein Alltagsgegenstand, ein wichtiges soziales Zeichensystem, eine Schnittstelle zur Kunst und einer der wichtigsten globalen Wirtschaftsfaktoren.[3] Mode ist die von allen gesprochene und zugleich allen unbekannte Sprache.[4]

Früher waren streng geregelte Kleidungsvorschriften von den herrschenden Klassen und den Zünften bestimmt. Die französische Autorin Annie Ernaux vermerkt in ihrem Buch „Die Jahre":

Man wusste genau, was sich gehörte und was nicht, was gut war und was böse, man las es in den

Blicken der anderen. Anhand der Kleidung unterschied man kleine Mädchen von jungen Mädchen, junge Mädchen von jungen Frauen, junge Frauen von älteren Frauen, Mütter von Großmüttern, Arbeiterinnen von Ladenbesitzerinnen und Büroangestellten.[5]

Aber die Welt der Kleidung ist heute nicht mehr so klar einzuordnen, weder in Hinblick auf Herkunft, Schicht noch hinsichtlich Beschäftigung oder Altersgeneration. Heute besteht wesentlich mehr Freiheit, die Welt ist ein „global village" geworden, viele verschiedene Einflüsse machen sich bemerkbar, „Fusion" ist allgegenwärtig, das Thema ist ein sehr dynamisches. Die Zeiten, in denen beige Anoraks, Hosen oder Mäntel für Frauen ab einem gewissen Alter zur regelrechten Uniform wurden, sind glücklicherweise vorbei, denn „Beige ist out".[6] Heute muss Alter an der Garderobe nicht erkennbar sein.

Mode und Bekleidung sind ein unverfängliches Thema, keineswegs sind sie ein oberflächliches Thema, sie sind weder problembehaftet noch zu intim, sie können lustvoll und kreativ sein und doch auch nachdenklich und tief.

Die Entstehungsgeschichte dieses Buches **„Mein Kleiderkasten – Weibliche Lebensfreude bis ins hohe Alter"** geht auf eine Studie, die 2017 bis 2021 durchgeführt worden ist, zurück.[7] Die Studie widmet sich dem Thema „Modefreuden – Kleidung als Aussage über Identität und Lebensgeschichte älterer Frauen". Es sind 25 Frauen verschiedener Milieus im Alter von 63 bis 103 Jahren zum Interview gebeten worden.

Nach und nach hat sich hier herausgestellt, welche wichtige Rolle Kleidungsstücke und Artefakte als Motor für die Erinnerung haben. Diese können einen Zugang zu Ereignissen, Menschen und Gefühlen aus dem früheren Leben öffnen. Sie können imaginäre Gedanken anregen und haben auch Relevanz in der Gegenwart des jeweiligen Menschen. Kleidung kann sowohl in der Fantasie, im Gedächtnis und auch im „Hier und Jetzt" einer Person präsent sein. Anhand der Arbeit mit der Studie und der Beschäftigung

EINLEITUNG 11

mit Biographiearbeit entstand eine Synthese, die zu diesem Bilder-Buch und Leitfaden geführt hat.

Das nun präsentierte Buch ist als Anregung für Gespräche und biographisches Arbeiten mit dem Fokus Mode und Kleidung konzipiert. Es eignet sich für Frauen in den verschiedensten Lebenssituationen. Die Gespräche können in der Familie oder mit Freundinnen geführt werden, sie können auch dort, wo Frauen sich untertags aufhalten oder leben (z. B. in Tageszentren, Betreuungseinrichtungen oder Altersresidenzen), als besondere Aktivität angeboten werden. Im Alltag werden es eher realistischerweise die SeniorInnenbetreuerInnen oder freiwilligen HelferInnen sein, die Biographiearbeit durchführen. Das Buch enthält Ideen und Anregungen, mit denen auch der Soroptimist International Club Mödling weitere Aktivitäten zu diesem Thema plant. Unter dem Motto „Frauen setzen sich für Frauen ein" unterstützt auch er dieses Buchprojekt. Höchstwahrscheinlich werden die Gespräche andere Themen als „nur" Mode streifen, denn wie schon die Studie aufgezeigt hat, sind es oft Lebensthemen, die hier zum Ausdruck kommen.

Bevor näher auf die Einsatzmöglichkeiten des Buches eingegangen wird, werden im Teil 1 einige grundsätzliche Informationen zur Biographiearbeit mit älteren Personen ausgeführt. Teil 2 setzt sich aus dem Bilder-Buch und Leitfaden zusammen und im Teil 3 werden die 25 Interviewpartnerinnen aus der Studie in kurzen „biographischen Gesprächen" porträtiert, um einen Einblick zu bieten, wie sehr sich das Thema Kleidung für biographisches Arbeiten eignet. Zusätzlich werden Schlüsselthemen und die Conclusio aus der Studie in diesem Teil 3 kurz vorgestellt.

Um mögliche Interviewpartnerinnen zu lukrieren, wurden folgende Ressourcen zur Unterstützung herangezogen:
- Nachbarschaftszentrum in Wien, 15. Bezirk
- Pflege- und Betreuungszentrum in Niederösterreich
- Frauenärztin im Ballungsraum Wien/NÖ.

Weitere Interviewpartnerinnen ergaben sich durch Mundpropaganda im erweiterten Bekanntenkreis.

Mode und Bekleidung haben viel mit „Lebensfreude" zu tun.[8] Eines der Kernergebnisse aus der Studie ist der Hinweis, dass „Modefreuden" viele Frauen ein Leben lang begleiten. Zu dieser Freude möchte dieses Buch beitragen und ermuntern.

Elizabeth Baum-Breuer

Hinterbrühl bei Wien, im Oktober 2021

Teil 1

BIOGRAPHIEARBEIT

BIOGRAPHIEARBEIT ist ein lebenslanger Prozess. Manche Menschen beginnen in frühen Jahren[9] damit und andere begegnen dieser Methode spät in ihrem Leben.[10] Eines steht fest – zu spät dafür ist es nie. Biographiearbeit stellt den Versuch dar, sich mit Hilfe eines einfühlsamen Menschen der eigenen Geschichte anzunähern, das Erlebte zu ordnen, vielleicht sogar offene Konflikte oder Fragen zu klären. Es geht vielfach um eine Integration der Vergangenheit in die Gegenwart.

Der Begriff kommt aus dem Griechischen *bios* (Leben) und *graphein* (Schreiben). Der Inhalt dieses Begriffes ist universell, denn er beschäftigt sich mit den existentiellen Fragen, die wir als Menschen haben: Woher komme ich? Wer bin ich? Wohin gehe ich?

METHODEN VON BIOGRAPHIEARBEIT MIT ÄLTEREN PERSONEN

Es gibt verschiedene Methoden, die bei Biographiearbeit im Zusammenhang mit Mode und älteren Frauen eingesetzt werden können. Dieses Buch ist als Instrument gedacht und kann sowohl bei Frauen, die über ein gutes Gedächtnis verfügen, als auch bei Frauen, die Zeichen von einer Demenzerkrankung aufweisen, angewendet werden. Das Bilder-Buch und der Leitfaden können als Gesprächsbasis für alle der unten vorgestellten Methoden eingesetzt werden.

Da ist einmal die **gesprächsorientierte Biographiearbeit**. Diese Methode ist relevant für Menschen, die in der Lage sind, sich mitzuteilen. Es gibt zahlreiche ausgezeichnete Beispiele solcher Arbeiten.[11] Diese Art der Biographiearbeit kann entweder individuell oder in Gruppen durchgeführt werden. Der Fokus liegt auf dem Gedächtnistraining und der Beschäftigung mit Identität aus dem Erinnern. Wenn das Kurzzeitgedächtnis schwächer wird, sind die Erinnerungen aus der Kindheit umso stärker. Die älteren Personen sollen allerdings nicht mit Fragen überhäuft werden. Die Begleitperson gibt Impulse, damit das Erzählen nicht versiegt.

Diese Methode kann auch sehr hilfreich sein, wenn es darum geht, eine Verbesserung der Kommunikation eines älteren Menschen zu erzielen. Kommunikation wird geübt durch ein Sich-Kennenlernen und einen Austausch miteinander. Das gegenseitige Verständnis wird gefördert. Es kommt vor, dass manche ältere Menschen eher unzufrieden mit ihrer Lebenssituation sind und sich häufig beklagen. So wird oft ein Teufelskreis in Gang gesetzt, sie werden ausgegrenzt, reagieren dann noch aggressiver und werden dadurch allerdings noch mehr gemieden. Geht man hingegen aktiv auf sie zu, müssen sie sich nicht negativ und destruktiv bemerkbar machen.

Bei den **Gesprächsgruppen** ist es wichtig, dass es eine Leitung oder Moderation der Gruppe gibt, da eine gewisse Ausgeglichenheit zwischen den GesprächspartnerInnen sowie „der rote Faden" eingehalten werden sollen. Die Gruppen können für rund drei bis 20 Personen sein,[12] gut ist es einen Sitzkreis hierfür vorzubereiten und kleine Imbisse und Getränke anzubieten. Die Dauer kann bis zu zwei Stunden betragen, zu Beginn ist eine kürzere Zeitspanne zu empfehlen. Ganz wichtig sind das aktive Zuhören als zentrales Beziehungselement und eine offene Haltung. Einen Gesprächsleitfaden mit Themen und Fragen im Vorfeld vorzubereiten ist eine gute Idee, hierfür kann Literatur zum Thema konsultiert werden.[13] Es können auch Anregungen für Eigeninitiativen der TeilnehmerInnen gegeben werden, wie beispielsweise das Mitbringen von Fotoalben, alten Dokumenten, Modezeitschriften, Modebüchern,[14] vielleicht alten Zeichnungen der TeilnehmerInnen, wenn vorhanden, sowie eventuell Kleidungsstücken oder Artefakten.

Dann gibt es die **aktivitäts-orientierte Biographiearbeit**. Bei dieser Methode ist die sinnvolle und anregende Gestaltung der Freizeit der älteren Menschen das Ziel, um sozialer Isolation vorzubeugen. Vorschläge für solche Unternehmungen sind das Kreieren von Fotocollagen, Besuche von Museen und Ausstellungen, bunte Themennachmittage oder Feste im Jahreskreis. Spezifisch, was das Thema Mode und Bekleidung angeht, sind hier beispielsweise Modeshows, Kleidertauschbörsen und Kleiderflohmärkte in Senioreneinrichtungen oder Nachbarschaftstreffs Möglichkeiten.[15]

Oral History Projekte haben naturgemäß viel mit Biographiearbeit zu tun, sind aber auf einer wissenschaftlichen Ebene angesiedelt.[16] Hier geht es um mündlich tradierte und subjektiv erlebte Geschichte.[17] Ziele dieser Methode sind der Wunsch nach einer Demokratisierung der Geschichtsschreibung und der Wunsch aus der Vergangenheit für die Zukunft zu lernen. Oral History ist vor rund 70 Jahren wissenschaftlich anerkannt worden. Erste Ansätze hat es in den 1930ern gegeben, der Durchbruch ist dann in den 1950er-Jahren erfolgt.

BEGLEITUNG VON BIOGRAPHIEARBEIT

Biographiearbeit ist eine Form der intensiven Begleitung eines Menschen, es geht aber auch um ein „Miteinander", denn sich auf einen sehr persönlichen Prozess mit einem älteren Menschen einzulassen, setzt die grundsätzliche Bereitschaft voraus, auch das eigene Leben und die eigene Geschichte (zumindest ein Stück weit) mit dem Menschen zu teilen. Die Personen, die bereit sind, sich mit dem älteren Menschen auf den Weg der Auseinandersetzung mit der eigenen Lebensgeschichte zu machen, benötigen bestimmte Kompetenzen und Haltungen. Erstens müssen sie vom Wert und von der Sinnhaftigkeit biographischen Arbeitens überzeugt sein. Zweitens ist es wichtig, dass Biographiearbeit sowohl dem älteren Menschen als auch der Begleitperson Freude macht. Zu Biographiearbeit darf niemand gezwungen werden! Es sollte sich um ein Angebot handeln, das erklärt, vermittelt und angenommen werden kann. Biographiearbeit kann einen Schutz vor Isolation und Einsamkeit bieten und oft ersetzt sie familiäre und nachbarschaftliche Kontakte.

In vielen Organisationen, die mit älteren Personen arbeiten (z. B. Caritas, Hilfswerk, Volkshilfe), und Einrichtungen für ältere Personen (Geriatriezentren, geriatrischen Tageskliniken, Pflege- und Betreuungszentren, Altersresidenzen, usw.) gibt es MitarbeiterInnen, die sich für Biographiearbeit interessieren. In manchen Fällen sind diese Personen ehrenamtlich beschäftigt oder im „Freiwilligen Sozialen Jahr", machen Zivildienst oder absolvieren ein Pflichtpraktikum im Rahmen ihrer Ausbildung. In anderen Fällen werden es festangestellte MitarbeiterInnen sein, die Kapazität und Interesse für Biographiearbeit haben.

Ganz wichtig ist, dass, egal in welcher Form Biographiearbeit stattfindet, sie ungestört ist, an einem geeigneten Ort oder bei Schönwetter eventuell sogar im Freien stattfindet.

SPEZIFISCHE BIOGRAPHIEARBEIT MIT ÄLTEREN FRAUEN

Die Überlegung, eine „maßgeschneiderte" Biographiearbeit für ältere Frauen zu entwickeln, ist im Laufe der Beschäftigung mit der Studie zu den Modefreuden entstanden. Zudem ist das Thema „Ältere Frauen und Mode" beispielsweise durch Auftritte der Stilikone Iris Apfel,[18] die Werbung zu „The Old Ladies Rebellion"[19] der französischen Designerin Fanny Karst oder den Modeblog von Lyn Slater auch sichtbarer geworden.[20]

Selbstverständlich könnte man auch andere Themen als Fokus für eine Biographiearbeit mit dieser Zielgruppe wählen – beispielsweise ein Naturthema wie „Blumen" oder

„Gärten". Man könnte das Modethema auch mit Männern durchführen und natürlich kann man die Altersgruppe variieren. In diesem Fall ist das Bilder-Buch-Projekt eben spezifisch als Biographiearbeit für ältere Frauen kreiert worden.

So wie es prägende Erinnerungen und Momente gegeben hat, die die Entstehung dieses Buches beeinflusst haben, so können hoffentlich wiederum dieses Buch und die damit verbundenen Ausstellungen zum Thema **„Mein Kleiderkasten – Weibliche Lebensfreude bis ins hohe Alter"** Anregungen für weitere Ideen, Gespräche und Projekte geben.

Teil 2

„MEIN KLEIDERKASTEN"

*weibliche Lebensfreude
bis ins hohe Alter*

Ein Bilder-Buch und Leitfaden
für Biographiearbeit

IM TEIL 2 DIESES BUCHES werden Kleider und Ebene gewechselt. Als Studienautorin und Interviewerin schreibe ich in der „Ich-Form". Im Zuge dieser Studie habe ich viel Freude und Lebensglück anhand von Erzählungen und Besichtigungen der Kleiderschränke der älteren Damen erleben dürfen. Es war mein Eindruck, dass es auch den Damen großen Spaß bereitet hat, nach ihren Meinungen, Erinnerungen und Gedanken rund um Mode und Bekleidung gefragt zu werden. Für die überwiegende Mehrzahl war es sogar das erste Mal in ihrem Leben, dass sie ein Interview gegeben haben. Unser Thema hat viele Möglichkeiten und viel Sicherheit geboten, denn sie waren die Expertinnen ihrer Garderoben und Lebenswelten.

Während der Vorbereitung habe ich das schöne Buch „My Mother's Clothes – an album of memories" von Jeanette Montgomery Barron[21] empfohlen bekommen. In diesem Buch begleitet die Tochter, eine Vogue-Modefotografin, ihre Mutter durch schmerzvolle Phasen einer Alzheimer-Erkrankung. Die Tochter kreiert ein berührendes Portrait ihrer Mutter, indem sie Fotografien geliebter Kleidungsstücke der alternden Frau kunstvoll portraitiert und zu einem Buch gestaltet. Kraft dieses kleinen Buches wird es der Tochter wieder möglich Zugang zu ihrer Mutter zu finden, da diese auf die Bilder ihrer vertrauten Kleidungsstücke reagiert. Es setzt dadurch wieder eine Kommunikationsmöglichkeit zwischen Mutter und Tochter ein. Manchmal benötigt Kommunikation eben Hilfsmittel und Werkzeuge. „My Mother's Clothes" war der Funke für dieses Buch.

Meine eigenen ersten Erfahrungen mit Biographiearbeit habe ich als Studentin mit meiner fast 97-jährigen Großmutter gemacht, dabei habe ich ihr geholfen ihre Lebenserinnerungen aufzuschreiben.[22] Es war eine bereichernde und wegweisende Beschäftigung.[23]
   Nach und nach ist bei mir der Plan entstanden ein Bilder-Buch anhand von Mode und Bekleidung für ältere Frauen zu entwickeln.

Ich habe meine eigene Garderobe durchforstet und überlegt, welche Stücke repräsentativ für gewisse Lebensphasen oder welche hilfreich als Gesprächskatalysator für gewisse Themen sein könnten. Da mein Buch sowohl an ältere Frauen gerichtet ist, die kognitiv in „Topform" sind, als auch an Frauen, die eine Demenz- oder Alzheimer-Erkrankung haben, sollten die Bilder und Themen offene Möglichkeiten des Gesprächs bieten. Dies bedeutet, es kann aus der Vergangenheit geschöpft werden, aber wenn das Gedächtnis nicht mehr so klar vorhanden ist, kann auch aus dem „Hier und Jetzt" gesprochen werden, ohne die Gesprächspartnerin in Verlegenheit zu bringen.

Gemeinsam mit dem Fotografen Christoph Liebentritt ist im Sommer 2020 ein „Foto-Shooting" mit ausgewählten Kleidungsstücken über die Bühne gegangen. Diese Fotos und einige, die meine Enkelin und ich sowie Roswitha Adler als Probeaufnahmen gemacht haben, sind in eine Struktur verschiedener Themen geordnet worden. Die Fotos sind visuelle Anregungen für Gedächtnis, Gedanken, Gefühle und Gespräche.

Da in der qualitativen Forschung[24] immer auch die interpretative Rolle des Forschers/der Forscherin mitspielt, habe ich in kurzen persönlichen Texten meine eigenen Assoziationen zu den jeweiligen Fotos hinzugefügt. Während den Vorbereitungen habe ich mich selber in einer kleinen Pilot-Gruppe interviewen lassen, um den Interviewleitfaden zu überprüfen.

Die vorgeschlagenen Themen können wahlweise oder natürlich auch alle besprochen werden, es ist keine feste Reihenfolge vorgesehen. Die Fragen sind bewusst in der Ich-Form formuliert. Themenüberschriften und Fragestellungen dienen nur als Vorschläge, im Grunde ist alles frei den GesprächspartnerInnen überlassen.

IDEEN
für einleitende
FRAGEN

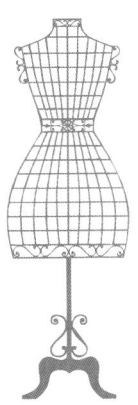

Einleitende Fragen

Kaufe ich eher <u>spontan</u> oder <u>geplant</u> ein?

<u>Wo kaufe ich</u> meine Kleidung?
Wie war das früher?

Sind für mich <u>Handwerk</u> und Ausführung
von Bedeutung?

Ist nur <u>teuer</u> gut?
Oder bin ich eher eine <u>„Schnäppchenjägerin"</u>?

Beeinflusst Mode bzw. Kleidung
meine <u>Befindlichkeit</u>, und wenn ja,
in welcher Art und Weise?

Hat sich meine <u>Einstellung</u>
zu Mode und Bekleidung für
mich während meines Lebens-
laufes geändert?

Habe ich Vorbilder für mein Interesse
an Mode und Bekleidung gehabt?
Wenn ja, wer waren diese Vorbilder und
in welcher Weise haben mich diese beeinflusst?

Gehe ich lieber allein oder
eher in Begleitung einkaufen?

Welche Rolle spielen Stoffe, Muster, Farben?

War das Thema Mode und Bekleidung in
meiner Familie präsent?

Was ist mir wichtig beim Kauf von Bekleidung?

Gibt es für mich prägende Erinnerungen an Kleider und Artefakte aus meinem Leben?

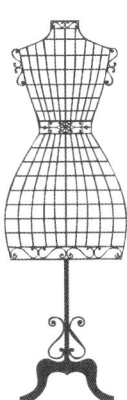

EINLEITENDE FRAGEN

Ideen für Detailfragen

KLEIDER
meiner
KINDHEIT

Kleider meiner Kindheit

Wenn ich so an meine Kindheit zurückdenke, welche Gedanken und Gefühle kommen mir in den Sinn im Zusammenhang mit Kleidung?

Kann ich mich an besondere Kleider in meiner Kindheit/Jugend erinnern?

Wie war das mit Alltagskleidung und Festtagskleidung?

Habe ich mir als Kind auch Kleidung selbst aussuchen dürfen/können?

Habe ich Erinnerungen an Kleidungsstücke, die ich nicht gerne getragen habe und/oder in denen ich mich unwohl gefühlt habe?

Habe ich noch Kleidung aus meiner Kindheit aufgehoben oder an meine Kinder und Enkelkinder weitergegeben?

Wo bin ich aufgewachsen? In Österreich? Oder in einem anderen Land?

Wenn ich in Österreich aufgewachsen bin, in welchem Bundesland?

Welche Kleidung habe ich in der Schule getragen?

War Tracht ein Thema
bei mir in der Kindheit?

Wurde Kleidung bei uns in der Familie genäht?

Habe ich selbst genäht?
Wenn ja, welche Sachen?
Habe ich das gerne gemacht?

Wo und von wem habe ich das gelernt?
Nähe ich noch heute?

Habe ich mit Puppen gespielt?
Haben diese auch besondere Kleider getragen?

Habe ich vielleicht Puppenkleider genäht?

Habe ich jetzt noch Puppen? Hätte ich noch gerne Puppen?
usw.

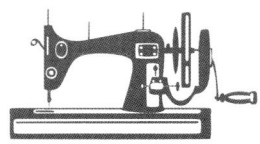

Puppen können wichtige Spiel- und ModegefährtInnen sein.

Hier hängen Mädchenkleider aus fünf Generationen, sie sind klassisch und zeitlos.

*Wir leben in einer globalisierten Welt.
Die Puppen zeigen unsere Vielfalt.*

Ideen für Detailfragen

BESONDERE
KLEIDER

Besondere Kleider

Habe ich mich gerne
für besondere Anlässe
gekleidet?

Habe ich feierliche Kleidung getragen?
Wenn ja, welche feierlichen Kleider habe ich gehabt/habe ich?
Zu welchen Feiern/Anlässen habe ich diese getragen?
Wie habe ich mich in feierlicher Kleidung gefühlt?

Habe ich heute noch
besondere Kleidungsstücke
für feierliche Anlässe?

Kleider markieren oft wichtige Wegpunkte im Leben: hier Studium, Witwenschaft und Pensionierung.

BESONDERE KLEIDER

Welche besonderen Kleider gibt es in meinem Leben?

BESONDERE KLEIDER

Habe ich einen besonderen <u>Stil</u>
für mich gefunden?
Wenn ja, wie habe ich
diesen Stil für mich gefunden?

Bin ich diesem Stil <u>treu geblieben</u> oder habe ich eher
<u>verschiedene Stile</u> ausprobiert?

Wie musste ich für meinen <u>Beruf</u> gekleidet sein?

Ein bemaltes Jugendstilkleid, aus dem Fundus der Haute Couture.

Die Straußenfedern tanzen beim Turnier mit. Nicht immer ist es gut federleicht zu tanzen, Bodenhaftung ist auch wichtig – dafür sorgen die Glitzersteine.

Wie war das oder wie ist das mit Hobbys und Freizeit?
Habe ich da besondere Kleidung z. B. fürs Bergwandern,
Fahrradfahren, Segeln, Tanzen, Fischen, Kegeln, usw. getragen?
Wenn ja, wie war diese Ausstattung und hat sich
das im Laufe der Jahre verändert?

usw.

Bergwandern kann auch eine Quelle der Lebensfreude bis ins hohe Alter sein.

Ideen für Detailfragen

KLEIDER
in den
4 JAHRESZEITEN

Kleider in den 4 Jahreszeiten

Was gefällt mir an den
verschiedenen Jahreszeiten?

Habe ich eine Jahreszeit,
die ich am liebsten habe?
Wenn ja, warum?

Welche Kleidungsstücke
habe ich für die
4 Jahreszeiten?

Kann ich diese
Kleidungsstücke beschreiben?

Wie ist es mit meiner Kleidung

* im Winter, wenn es kalt wird?

* im Frühling, wenn die Blumen erwachen?

* im Sommer, wenn die Sonne mich wärmt?

* im Herbst, wenn alles ganz bunt wird?

usw.

Frühling

Die Art sich zu kleiden und zu schmücken spiegelt die Seele.

Die legendäre Vogue-Chefin Anna Wintour war Inspiration für dieses Blumenkleid.

Sommer

*Wasser und Baden am liebsten in einem Gebirgssee.
Schwimmschuhe helfen die spitzen Steine zu überstehen.*

*Es gibt Kleider, die in die Kategorie
„Liebe auf den ersten Blick" fallen.*

Herbst

Mit dieser bunten Merino-Bommelhaube aus Neuseeland kann man sich auf die beginnende Kälte (fast) freuen.

Sogar frühmorgendliche Spaziergänge mit Hund gehen im Pyjama unter einem Wetterfleck.

Winter

Pelze werden heute kaum mehr gekauft. Sie sind meistens vererbt oder geerbt. Warm sind sie allemal.

Champagner und ein Hermès-Tuch zu einem runden Geburtstag. Die Vielseitigkeit dieses berühmten Quadrates ist erstaunlich.

Ideen für Detailfragen

LIEBLINGS-STÜCKE

Lieblingsstücke

Welche Lieblingsstücke
hatte ich/habe ich?

Gibt es da besondere Erinnerungen?

Habe ich besondere Stücke
geerbt oder verschenkt?

Verschenke ich manchmal
Lieblingsstücke aus meiner Garderobe
oder meinem Fundus?

Schlaflose Nächte sind schlimm, aber nicht so schlimm in so einem Kimono mit einem guten Buch, einem Keks und Tee aus der Lieblingskanne.

Hier ist ein Foto von Autohandschuhen,
bin ich auch Auto gefahren?

Wenn ja, wann habe ich den Führerschein gemacht?

Welche Autos bin ich gefahren?

Welches Gefühl war es
das Autofahren zu können?

usw.

Autofahren mit diesen Handschuhen macht besonders Spaß, am liebsten kleine, rote Alfa Romeos.

Egal ob klein oder groß, Autoschlüssel findet man kaum in Handtaschen, dafür die Freude.

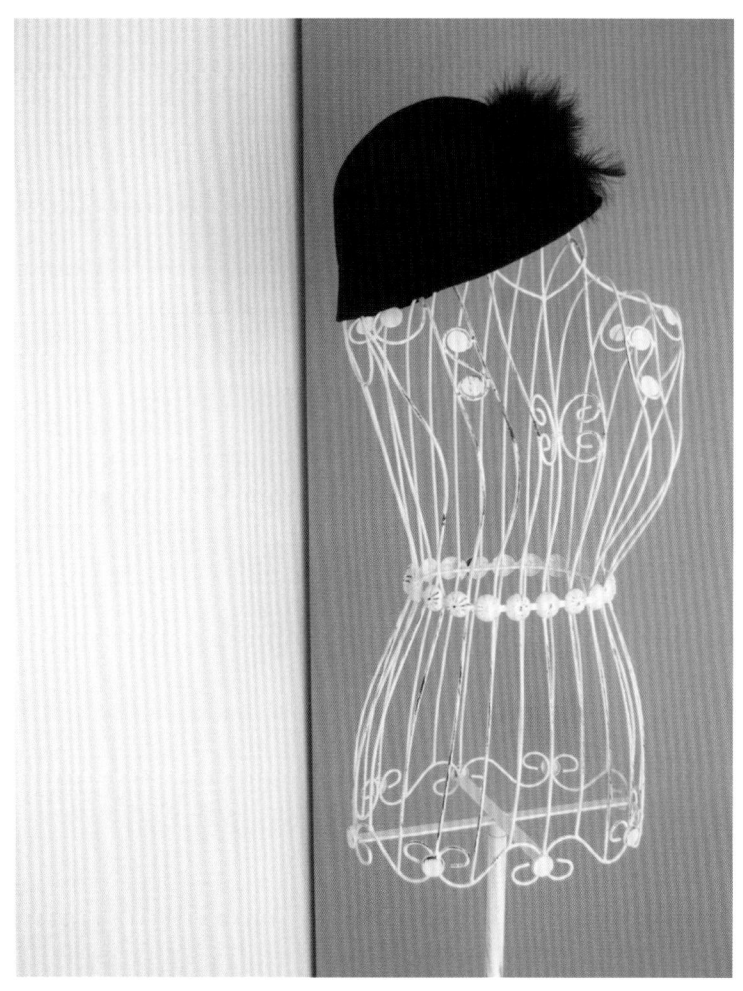

Weniger kann in der Mode, wie auch sonst, mehr sein.

Der Duft von Lieblingsparfums bleibt im Halstuch hängen und begleitet einen lange noch.

Was denke ich über <u>Blue Jeans</u>?
Habe ich jemals Jeans getragen?

Trage ich jetzt <u>Hosen mehr</u> als Röcke und Kleider?

Diese Aufmachung wäre für ältere Frauen in früheren Generationen undenkbar gewesen.

BESONDERER SCHMUCK

OLD IS THE NEW BLACK

Ideen für Detailfragen

MEINE
FARBEN

Meine Farben

Habe ich Lieblingsfarben?

Welche Gedanken verbinde ich
mit diesen Farben?

Welche Farben stehen mir
besonders gut?

Welche Farben habe ich früher getragen,
welche trage ich derzeit?

Sind es dieselben?

Welche Farben trage ich
<u>sehr gerne</u>?

Habe ich je eine <u>Farbberatung</u> gemacht?

Wie ist es, wenn ich einkaufen gehe,
<u>ziehen mich gewisse Farben an</u>?

Welche <u>Farbkombinationen</u> gefallen mir?

Sind meine Lieblingsfarben, was Kleidung anbelangt,
<u>auch meine Lieblingsfarben in anderen Bereichen</u>
meines Lebens, z. B. für Einrichtung, Dekoration und
Einrichtung im Haus, Auto?

usw.

Schlicht oder wild?

Die Marmorbüste modelt hier für Fanny Karst und ihre Mode-Marke „The Old Ladies Rebellion".

Im Archäologischen Museum auf Kreta ist tausend Jahre alter Schmuck zu bewundern und zu kopieren, besonders schön sind die Stücke aus Aquamarin und Gelbgold.

Farben, die einem stehen, können sich im Laufe der Jahre ändern, waren es vielleicht einmal Orange- und Gelbtöne, so können es dann Pink und Lila werden – es geht immer eine neue Türe auf!

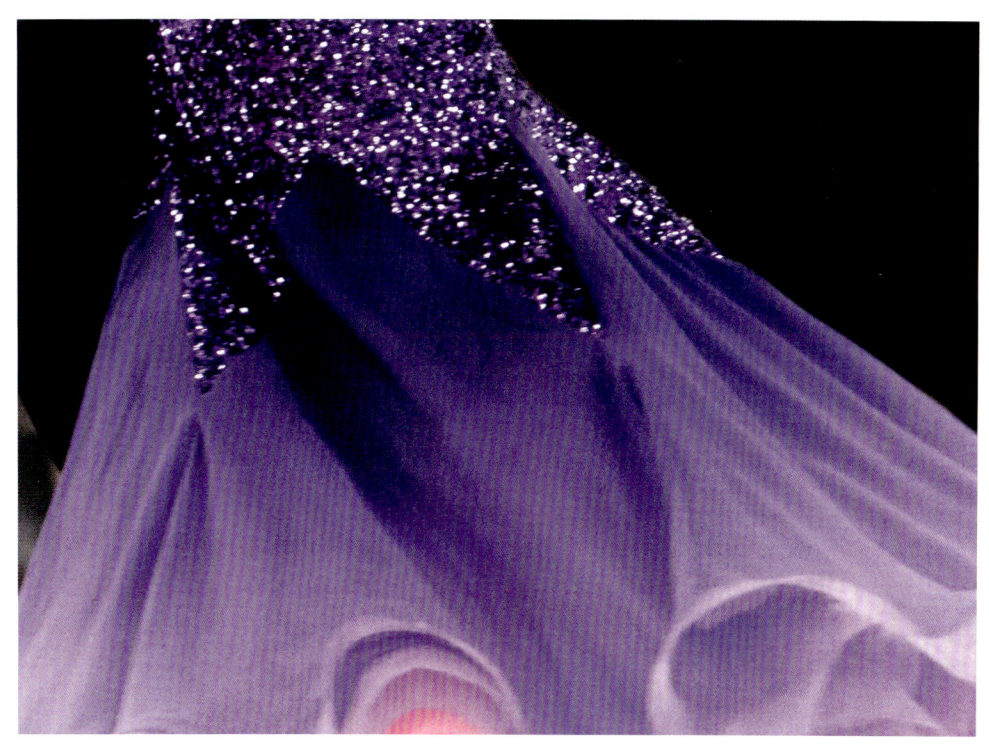

Die Farbe Lila wird oft mit älteren Frauen in Verbindung gebracht und „mit ein bisschen Pink geht alles leichter".

Ideen für Detailfragen

BESONDERER
SCHMUCK

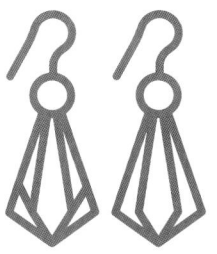

Besonderer Schmuck

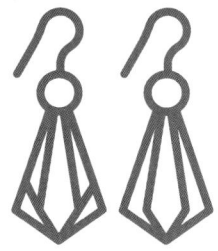

Was trage ich an Schmuck heute?

Zu welchen Anlässen
trage ich Schmuck?

Ein Schmuckkästchen hütet Familienschätze.

Gibt es <u>besondere Stücke</u>,
an die ich mich erinnere?

Habe ich <u>besondere Erinnerungen</u>
an Anlässe oder Menschen
zu den besonderen Schmuckstücken?

Habe ich Schmuckstücke <u>geerbt</u>?
Wenn ja, von wem?

Jedes Schmuckstück hat eine Geschichte.

*Wie ein Blätterkranz schmiegt sich diese zarte Silberhalskette an.
In vielem dient die Natur als Vorbild.*

Habe ich Schmuckstücke <u>verschenkt</u>?
An wen? Aus welchem Grund?

Kaufe ich/Habe ich mir
<u>selbst</u> Schmuck gekauft?

Habe ich je Schmuck <u>selbst gemacht</u>?

Habe ich je Schmuckstücke <u>verloren</u>?

Gibt es <u>besondere Steine</u>,
die mir gefallen?

Welcher Schmuck <u>gefällt mir</u>?

Trage ich auch im <u>Alltag</u> Schmuck?
Auch wenn ich allein bin?

usw.

Teil 3

BIOGRAPHISCHE GESPRÄCHE

I<small>N DIESEM DRITTEN TEIL</small> des Buches machen wir in kurzen Porträts Bekanntschaft mit Frauen im Alter zwischen 63 und 103 Jahren; Frauen aus den verschiedensten Gesellschaftsschichten, aus diversen früheren Berufen und in unterschiedlichen Lebenssituationen. Mit diesen 25 Frauen habe ich Interviews im Zuge einer qualitativen Studie zum Thema „Modefreuden – Kleidung als Aussage über Identität und Lebensgeschichte älterer Frauen"[25] für das Institut für Soziologie, Universität Wien, geführt. Das Thema Mode war jeweils Ausgangspunkt der Interviews, aber die Antworten sind, wie man in den nächsten Seiten lesen kann, weit über die Forschungsfragen hinausgegangen. Oftmals haben unsere Gespräche wichtige Lebensthemen berührt. Nun, wer sind die Frauen, die hier biographische Gespräche führen? *(Alle Namen sind kodiert worden.)*

Pseudonym*	Alter	Früherer Beruf	Wohnsituation
Carolina R.	103	Psychologin	mit 24 h-Pflege
Gerlinde R.	100	Studium (nicht abgeschlossen)	Altersresidenz
Gisela P.	98	Schneiderin	Betreutes Wohnen
Dora R.	94	Med.-techn. Assistentin	alleine
Vera A.	93	Chemie-Professorin	alleine
Barbara G.	89	Gartenarchitektin	mit 24 h-Hilfe
Susanne R.	88	Schneiderin	mit Tochter
Henriette L.	85	Historikerin	alleine
Flora R.	84	Malerin	alleine
Veronika A.	79	Ärztin	mit Partner
Bibiana I.	78	Verkäuferin	alleine
Grete G.	77	Fabriksarbeiterin	alleine
Friederike F.	76	HAK-Professorin	mit Partner
Zita R.	76	Fabriksarbeiterin	Pflege-/Betreuungszentrum
Liselotte G.	73	Religionslehrerin	mit Partner
Eleonore T.	72	Sozialarbeiterin	mit Partner
Sonia R.	72	Studium (nicht abgeschlossen)	mit Partner
Dagmar Y.	70	Kaufmänn. Angestellte	alleine
Lara V.	70	Geschäftsinhaberin	alleine
Katja Z.	69	Sekretärin	mit Partner
Heidi K.	68	Immobilienmaklerin	mit Partner
Birgit E.	67	Sekretärin	alleine
Beate B.	66	Kellnerin	Pflege-/Betreuungszentrum
Desirée A.	66	Sozialwissenschaftlerin	mit Partner
Anna. R.	63	Juristin	mit Sohn

* Die Identitäten der Interviewpartnerinnen werden (teilweise) gelüftet – siehe Danksagung S. 185.

Diese kleine „Porträtgalerie" möchte ich mit einer kurzen Erzählung über eine Begebenheit mit meiner eigenen Mutter einleiten, eine Begebenheit, die sich als einer der persönlichen Katalysatoren für diese Arbeit herausgestellt hat.

Meine Mutter

ALS MEINE MUTTER 90 Jahre alt wurde, begann sie müder und weniger fröhlich zu werden. Als kluge und erfahrene ehemalige Krankenschwester konnte sie die Anzeichen kommender Fragilität und Gebrechen weder ignorieren noch verdrängen. Ich wollte sie aufheitern.

Ich schaute sie mir genau an: Die blitzblauen Augen leuchteten aus einem fein geschnittenen Gesicht mit hohen Backenknochen heraus. Die langen weißen Haare trug sie hochgesteckt. Gerade um ihre Haare tobte ein Konflikt zwischen ihr und meinem Vater. Sie konnte sich nur mehr sehr schwer frisieren und wollte ihre Haare schweren

Herzens abschneiden. Letztendlich musste dann nach einem Krankenhausaufenthalt ihre Haarpracht abgeschnitten werden, aber mein Vater, ein zerstreuter und sehr gutmütiger Wissenschaftler, merkte dies erst sechs Monate später. Er gewöhnte sich an die freche Kurzhaarfrisur seiner Frau.

Was könnte ihr eine Freude machen? Sie hatte früher liebend gerne genäht, vor allem Trachten aus schönen Farben und Mustern. Meine Eltern hatten 50 Jahre in England gelebt und die schönen Dirndln hatten für sie in der Emigration eine ganz besondere Bedeutung. Sie trug sie dann zu Feiertagen wie Weihnachten und bei Familienfeiern. Im Alltag kleidete sie sich eher in gedeckten Farben, hauptsächlich dunkelblau und braun.

Immer wieder kreisen meine Gedanken um die Farben bei meiner Mutter. Ich selber bin erst so wirklich auf Kleidungsfarben aufmerksam gemacht worden, als ich eine Assistentin aus Australien hatte, die mir das Buch „Colour Me Beautiful"[26] zeigte. Ich fand die Typeneinteilung nach den vier Jahreszeiten faszinierend und kaufte mir gleich das Buch. Ich versuchte als Laie nun eine Farbanalyse meiner Mutter. Alle Indizien sprachen dafür, dass sie ein „Sommer" war, aber wo waren dann die herrlichen Himbeertöne, die schmeichelnden Fliedertöne, die lieblichen Rosatöne, die sanften Grauschattierungen in ihrer Garderobe? Es kristallisierte sich die Idee bei mir heraus, meiner Mutter vorzuschlagen, eine professionelle Farbberatung aufzusuchen. An einem Nachmittag im Dezember rund um ihren Geburtstag fuhren wir nach Wien und gönnten uns diese Freude.

Die Farbberaterin[27] setzte meine Mutter vor einen großen Spiegel in der Nähe eines hohen Flügelfensters. Nach und nach brachte sie verschiedenfärbige Tücher und legte sie über den Oberkörper

> SIE NÄHTE LIEBEND GERNE TRACHTEN AUS SCHÖNEN FARBEN UND MUSTERN.

ihres Models. Sie kontrastierte die Wirkung der verschiedenen Farben im Gesicht meiner Mutter. Wie ein Naturschauspiel blühte die alte Frau unter Nuancen von Hellblau, Flieder und Rosé auf, hingegen wirkte sie in Beige-, Orange- oder Brauntönen fahl und eingefallen. Meine laienhafte Analyse war tatsächlich richtig gewesen, meine Mutter war ein Sommertyp.

Diese ausgewiesene Farbidentität bot meiner Mutter in den kommenden Jahren Freude und Selbstbewusstsein. Sie leistete sich neue Kleidungsstücke, immer bedacht auf „ihre" Farbpalette. Mit 92 Jahren, nach dem Tod ihres Mannes, übersiedelte sie in ein Altersheim, wo sie im Großen und Ganzen noch recht glückliche Jahre verbrachte.

Es gab allerdings öfters Konflikte rund um die Bekleidung. Meine Mutter, die ganz klar im Geiste war, wusste sich energisch durchzusetzen, wenn man ihr falsche Kleidungsstücke zum Anziehen brachte, was leider trotz Nummerierung der Kleidungsstücke doch immer wieder aufgrund von Verwechslungen in der Zentralwäscherei der Einrichtung geschah. Ich vermute, dies ist kein Einzelfall und kann immer wieder und überall passieren. Allerdings kann das Anziehen fremder Kleidung, wenn es erzwungen wird, eine ernstzunehmende Grenzüberschreitung für die betroffene Person bedeuten.

Als ich einmal zu ihr ins Zimmer kam, wurde ich Zeugin einer dieser Konflikte und hörte sie diesen Satz empört sagen:

Nein, dieses Kleid werde ich nicht anlassen, erstens ist es nicht meines und dann ist es weder mein Stil noch meine Farbe und Streifen trage ich schon ganz und gar nicht.[28]
So sehr wuchs das modische Selbstbewusstsein meiner Mutter, dass sie sich sogar zu ihrem 95. Geburtstag extravagante Herzenswünsche erlaubte, wie beispielsweise ein Paar handgefertigte Trachtenschuhe (Der Schuster meinte dazu, die Schuhe würden sicher 25 Jahre halten.), und dann gönnte sie sich als einen Höhepunkt am Ende ihres langen Lebens einen lang gehegten Wunsch, sie ließ sich die Ohren stechen.

> *NEIN, dieses Kleid werde ich nicht anlassen, erstens ist es nicht meines und dann ist es weder mein Stil noch meine Farbe und Streifen trage ich schon ganz und gar nicht.*

Carolina R., 103 J.

Ehemalige Psychologin und Direktorin einer Akademie

Wie reich muss man sein, und wie alt muss man sein, dass man sich nicht über ein Schnäppchen freut?

EIGENSTÄNDIGES HAUS in einem Außenbezirk von Wien, die obere Wohnung im Haus ist an eine Studentin im Rahmen des „Buddies"-Wohnprojektes[29] vermietet. Seit kurzem lebt auch eine 24 Stunden-Pflegerin im Haus.

Das Interview ist für den Nachmittag im Hause von Carolina ausgemacht, gegen 17 Uhr. Sie erscheint sportlich mit Rollator in einer schmalen schwarzen Hose und trägt dazu einen königsblauen Pullover ohne Schmuck.

Mode war bei uns zu Hause nie Thema. Es war für mich auch immer ‚low priority'.

Ihr Eröffnungssatz ist nicht gerade ermutigend für das Interview. Aber das war erst der Anfang:

Mode ist ein großer Unfug. Erst Mitte des 19. Jahrhunderts ist Mode überhaupt ins Spiel gekommen, früher gab es die Zünfte und am Land die Tracht, die ja ortsgebunden war. Dann kam eine gewisse Berufskleidung, Knechte, Magd, usw. Es gab keinen Wechsel in der Mode, dies begann erst mit der Industrialisierung und diente dem Kapitalismus. Dies meine ich auch nicht negativ, aber es bedeutet, dass der Profit maximiert wird, und alles muss daher immer besser, schöner und mehr werden – auch die Mode. In der zweiten Hälfte des 19. Jahrhunderts ist es dann so, dass die Leute, die Mode machen, sich bereichern, ihnen ist die Ästhetik egal, nur der Profit interessiert sie.

Aber immerhin, die sehr alte Dame hat sich viele Gedanken im Vorfeld des Interviews gemacht. Ja, sei sei *sehr kritisch*, aber schmunzelnd fügt sie hinzu: *Was mich persönlich betrifft, wenn ich das Gefühl habe, etwas schaut gut aus, dann freut mich das schon.* Wie ich dann bald erkennen kann, hat Carolina (geheime) Vorbilder und einen ausgeprägten eleganten Geschmack: *Gut gekleidet sehe ich als ästhetische und relativ zeitlose Mode. Frauen wie Audrey Hepburn oder Jackie Kennedy haben schöne Mode getragen. Melania Trump versucht das jetzt nachzumachen.*

Ja, sie erinnert sich, als ehemalige Direktorin und Vertreterin einer NGO-Organisation bei der UNO musste auch sie elegant gekleidet sein. Jetzt mit 103 benötigt sie nicht viel, die Kleiderkästen im Hause sind voll und sie trägt hauptsächlich Hosen und bequeme Oberteile. Die Kleidung muss bequem sein, denn sie sitzt viel am PC, nicht mehr so sehr um Bücher und Berichte zu schreiben wie einst, aber jetzt um mit aller Welt „Scrabble" zu spielen. Stundenlang können diese Spiele gehen. Heute versäumt sie dieses Vergnügen wegen des Interviews. Ich glaube, sie verzeiht mir die Störung und lädt mich liebevoll zu einem herrlichen 5 o'clock tea ein (mit Kaffee, was auch mir lieber ist).

Sie kredenzt köstliche Bagels mit Lachs und Dille und danach Brownies und Cheesecake. Die vielen Jahre in der Emigration in Großbritannien und USA sind kulinarisch nicht spurlos an Carolina vorübergegangen.

> WENN ICH DAS GEFÜHL HABE, ETWAS SCHAUT GUT AUS, DANN FREUT MICH DAS SCHON.

BIOGRAPHISCHE GESPRÄCHE

Geheiratet habe ich in einer britischen Army Uniform, erinnert sie sich und zeigt mir ein Hochzeitsbild an der Wand in der gemütlichen Sitzecke des Wohnzimmers. Daneben hängen einige andere Bilder, viele von ihren vier Kindern, die teilweise in den USA und in Kanada leben, und auch eines ihrer Mutter, die in Theresienstadt ermordet wurde.

Carolina hat viel Schreckliches gesehen und erlebt, das Erstaunliche ist, sie lebt im „Hier und Jetzt", scheint nicht bitter zu sein und denkt mit Freude an den Besuch ihrer Urenkelinnen Susi und Hannah am nächsten Vormittag und danach an den Scrabble-Nachmittag. Aber bevor wir das Interview beenden, gesteht Carolina mir noch etwas:

Ich habe aber letztens eigentlich ziemlich viel gekauft, denn da wurde hier im 19. Bezirk ein schönes Damenmodegeschäft aufgelöst und ich habe dort im Ausverkauf viel erstanden! Und jetzt frage ich, wie reich muss man sein, und wie alt muss man sein, dass man sich nicht über ein Schnäppchen freut?

GEHEIRATET *habe ich in einer britischen Army Uniform.*

Gerlinde R., 100 J.

Seit zwei Jahren in em Seniorenzentrum

Ich bekomme – kaum zu glauben – immer noch viele Komplimente!

DIESES INTERVIEW findet bei Gerlindes Tochter im Garten statt, wir sitzen bei einem Cappuccino in der Sonne. Gerlinde ist über die Abwechslung erfreut und gut gelaunt, man sieht ihr das hohe Alter nicht an. Sie trägt eine elegante weiße Bluse mit Blumenmuster in Hellblau- und Gelbtönen und eine einreihige Perlenkette zu einer schmal geschnittenen schwarzen Hose, dazu schwarze Sandalen.

Mode, sagt sie spontan, sei in ihrer Familie, als sie Kind war, überhaupt kein Thema gewesen. In den Ferienmonaten, die sie ausschließlich in ihrem Haus im Salzkammergut verbrachten, wurden nur Dirndln getragen, die sie auch liebte. Ihre Dirndln wurden, da sie die Ältere war, neu genäht, während die um drei Jahre jüngere Schwester sie „auftragen" musste.

In Wien, während der Schulzeit, gab es in den Dreißigerjahren nichts Schickes anzuziehen, allerdings galt das auch für die Freundinnen, insofern war es kein Drama. In äußerst negativer Erinnerung sind Gerlinde die kratzenden und rutschenden Socken und Strümpfe geblieben, da sie ihr Leben lang empfindliche Haut hatte.

Als junge Ehefrau und als dann in den 60er-Jahren die Zeit besser wurde und man sich mehr leisten konnte, hat Gerlinde nach Möglichkeit zu guten, angenehm zu tragenden Materialien gegriffen.

NYLON STRUMPF HOSEN JUCKEN JA AUCH WIEDER!

Was ich immer und in mehreren pastelligen Farben hatte und gern trug, waren die Twin Sets, möglichst von Fa. Altmann. Auf meine schönen Sachen hab ich auch immer gut geachtet und sie jahrelang gehabt. Wenn ich aber z. B. ein nettes Sommerkleid aus Baumwolle, möglichst mit Bootsausschnitt und angeschnittenen kurzen Ärmeln, fand, habe ich es gern gekauft, auch wenn es billig war, und fühlte mich darin sehr wohl.

Hosen hat Gerlinde ihr ganzes Leben lang ungern und äußerst selten getragen, sie findet, dass sie ihr nicht stehen, ihre Beine seien dafür zu kurz. Es störte sie nie, fiel ihrer Tochter bei dieser Gelegenheit ein, auch im Winter zu Röcken zumindest im Haus ohne Strümpfe oder Strumpfhosen herumzulaufen: *Nylonstrumpfhosen jucken ja auch wieder!*

Seufzend meint Gerlinde: *Heute muss ich der Bequemlichkeit halber und weil ich einen Gummistrumpf tragen muss, auf Hosen zurückgreifen, was ich schade finde, aber meine Enkelin hat einige kleidsame, figurbetonende Hosen für mich gefunden.* Nach wie vor achtet Gerlinde trotz ihrer Fast-Blindheit darauf, dass die Stücke, die sie kombiniert, gut zusammenpassen, und sie hat ausgesprochen viel Freude daran, in freundlichen Farben gekleidet zu sein.

Wichtig ist bei mir, dass ich die Taille betone, ich trage daher nie lange Oberteile, die über der Hose getragen werden. Nein, die T-Shirts und Pullis werden in den Bund gesteckt und auch ein allfälliges Jäckchen muss kurz und knapp sein.

Ich weiß, dass grüne und hellblaue Sachen mir gut stehen, und Gelb ist überhaupt meine Lieblingsfarbe.

> **ALS ICH noch alleine einkaufen gehen konnte, hatte ich meine Stammboutiquen in Hietzing. Spontan habe ich kaum eingekauft, allerdings kam es vor, dass ich nach dem Einkauf feststellen musste, dass ich mich von der Verkäuferin zu etwas überreden habe lassen.**

ich kaum eingekauft, allerdings kam es vor, dass ich nach dem Einkauf feststellen musste, dass ich mich von der Verkäuferin zu etwas überreden habe lassen. Daher bin ich dann auch lieber gemeinsam mit meiner Tochter einkaufen gegangen.

Nach wie vor hat Gerlinde Freude daran, adrett und ansprechend gekleidet zu sein, *weil das meinem Selbstbewusstsein gut tut, und ich bekomme – kaum zu glauben – immer noch viele Komplimente!*

Gerlinde erinnert sich etwas wehmütig:

Als ich noch alleine einkaufen gehen konnte, hatte ich meine Stammboutiquen in Hietzing. Spontan habe

Gisela P., 98 J.

Ehemalige Schneiderin; wohnt im Betreuten Wohnen

*Ich liebe alles Helle.
Das war schon immer so.*

GISELA empfängt mich zu unserem Interviewfrühstück gekleidet in einer hellrosa Trachtenbluse mit kleinen grünen Blumen und einer hellgrauen Hose. Sie trägt einen herzförmigen rosa Anhänger und gelbgoldene Ringe an beiden Händen. Ihre Haare sind schneeweiß, kurz und lockig. Ihre Tochter ist bei dem Interview dabei und hilft beim Kaffeekochen und Servieren. Hier ist alles hell, der hohe schöne Raum, Giselas Wohnküche in ihrer neuen Wohnung des Betreuten Wohnens, das sich in einem neu adaptierten ehemaligen Kloster befindet. Die Sonne strahlt durch die hohen Fenster herein.

> FÜR MICH WAR DAS HELLE IMMER PRÄGEND. IST ES HEUTE AUCH NOCH.

Ich liebe alles Helle. Das war schon immer so. Ich kann mich erinnern, dass meine Großmutter mir oft Stoffe geschenkt hat. Diese waren immer hell, die Großmutter selber hat stets dunkle Kleider getragen, aber sie wollte immer, dass ich mich hell anziehe, sie hat gesagt: ‚Nichts Dunkles.' Für mich war also das Helle immer das Prägende. Ist es heute auch noch.

Gisela war früher Schneiderin, es war zwar nicht unbedingt ihr eige-

MEIN VORBILD war meine Tante, die Schwester von meiner Mutter. Die war dann auch im hohen Alter mit 85 Jahren noch recht interessiert an Mode.

zeigt, hat sich ihr Vater, der Lokomotivführer war, wirklich für das Nähen und alles, was damit verbunden war, interessiert und sie in ihrem Beruf gefördert und unterstützt:

Mein Vater hat sogar die Stoffe für meine Mutter gekauft! Die treibende Kraft hier war mein Vater. Er hat sich auch fürs Zuschneiden interessiert und dann sogar selber genäht. Der Vater war in diesen Sachen (Stoffe, Kleidung) großzügig und die Mutter hat nur aufs Sparen geschaut. Der Vater hat sich auch für meine Tätigkeit als Schneiderin interessiert und mir zum Beispiel eine Zuschneideschere extra gekauft.

ner Berufswunsch, aber sie machte es doch gerne.

Als Kind war ich oft so zu Besuch bei der Schneidermeisterin bei uns im Ort. Dort habe ich manchmal ein Modejournal bekommen und das hat mich sehr interessiert. Mein Vater hat bestimmt, dass ich dann Schneiderin lerne und mein Bruder studiert. ‚Du lernst Nähen', hat er gesagt.

Wie sich in Giselas Geschichten ganz prägende, positive Vorbilder gegeben: *Mein Vorbild war meine Tante, die Schwester von meiner Mutter. Die war dann auch im hohen Alter mit 85 Jahren noch recht interessiert an Mode.*

In Giselas Welt der Mode hat es

Ein weiteres Vorbild war meine Tante Rosa. Die war sehr künstlerisch begabt (hier in meiner Wohnung habe ich viele Hinterglasmalerei-Bilder, von ihr gemalt). Sie war eine talentierte, kleine zierliche Frau, die alles konnte. Meine Kinder haben sie die ‚Wuseltant' genannt, weil sie so klein und flink war. Tante Rosa ist oft mit mir zum Stoffeinkauf mitgegangen, sie hatte keine Kinder und hat mir viel Zuwendung gegeben.

Nach wie vor ist Gisela an Kleidung interessiert: *Es muss für mich eine gewisse Qualität haben. Vor allem der farbliche Eindruck. Es ist mir auch wichtig, wie was genäht ist, z. B. habe ich mir für meine Geburtstagsfeier eine neue Tracht gekauft (Gilet, Jacke und Hose) und es hat mir so gefallen, wie die Schneiderin im Geschäft alles genau geändert hat, sodass es perfekt passt.*

Meine Lieblingsfarbe war immer blau. Ich erinnere mich, mein erster wirklich schöner Pullover, den mir meine Eltern in Wien gekauft haben, war ein schönes Blau. Mir ist die Sache mit den Farben sehr wichtig. Auch im Fernsehen, da schau ich mir die Menschen mit ihren Farben an.

Der Stellenwert von Kleidung ist nach wie vor sehr hoch in Giselas Leben und sie hat immer schon Kritik geübt, wenn Menschen keinen Wert darauf legen: *Eine traurige Sache in meinem Leben ist, dass meine Schwiegertochter (die ich sehr mag und bewundere) überhaupt keinen Wert auf Kleidung legt – auch ihre Mutter nicht. Sie machen einfach nichts aus sich. Die haben beide studiert, aber mit der Kleidung haben sie nichts am Hut.*

Am Ende des Interviews öffnet Gisela ihren Kleiderschrank. Eine wunderbare, helle und bunte Farbpalette ist hier zu sehen! Sie erzählt strahlend, dass sie heute noch für viele befreundete Menschen warme bunte Socken anfertigt. Plötzlich erscheint in ihrer rechten Hand ein Päckchen, darin befinden sich türkis/creme/terracotta-gestreifte Socken, ein Geschenk für das Interview.

MEINE LIEBLINGSFARBE WAR IMMER BLAU.

Dora R., 94 J.

Ehemalige medizinisch-technische Assistentin; lebt eigenständig in einer Stadtwohnung

Früher habe ich eine sehr schöne schlanke Taille gehabt und da habe ich gerne dies betont.

FRÜH am Morgen findet das Interview statt und Frau Dora öffnet ihre Wohnungstür in einem beigen Etuikleid mit kurzer schwarzer Blazerjacke. Sie trägt dazu eine doppelreihige Perlenkette, eine Goldbrosche in Blumenform, gelbgoldene Ringe an beiden Händen, ihre Fingernägel sind rot lackiert und die rot-blonden Haare in gelockter Frisur. Seit fast siebzig Jahren lebt sie in dieser Wohnung, früher war die Wohnung auch zusätzlich die Ordination ihres Mannes. Hier haben sie zwei Söhne großgezogen, die beiden sind heute Augenärzte, wie ihr Vater. Bis vor kurzem hat Dora als Sprechstundenassistentin bei ihrem älteren Sohn in der Ordination gearbeitet. Seit einem Sturz vor einem Jahr ist sie aber in „Pension" gegangen. Die Tätigkeit fehlt ihr und alle ihre Freundinnen in ihrem Alter sind schon tot. Sie versucht dennoch das Beste aus ihrem Leben zu machen und geht einmal pro Woche turnen, danach gehen alle aus diesem Turnkreis miteinander fein essen. Sie hat ein Konzertabonnement und besucht regelmäßig Konzerte und Theater, dafür braucht sie immer hübsche Sachen. Sie erinnert sich zurück:

Eigentlich hatte ich erst nach dem Tode meines Mannes Zeit gehabt,

DIE KLEIDUNG muss nicht teuer sein, aber sie muss mir gefallen.

um auf meine Kleidung zu schauen, obwohl es war meinem Mann schon wichtig, dass ich hübsch gekleidet war.

Früher habe ich eine sehr schöne schlanke Taille gehabt und da habe ich gerne dies betont mit in der Taille enganliegenden Kleidern, Gürteln und Schleifen. Ich hatte eine sehr gute Schneiderin, die die Kleider nach meinen Vorstellungen gemacht hat.

Dora beschäftigt sich sehr viel mit ihrem Äußeren und macht sich Gedanken dazu:

In meiner Familie gab es eigentlich keine Vorbilder, meine Mutter hatte keine gute Figur und interessierte sich nicht für Mode. Vielleicht gibt es da einen Zusammenhang zwischen einer guten (oder passablen) Figur und dem Interesse für Kleidung.

Ihr Aussehen war und ist ihr wichtig, sie achtet darauf, lässt sich nie gehen und freut sich:

Im Freundeskreis glaub ich, dass ich die Hübscheste war. Ich habe sehr gerne Dirndln und diese auch immer bei Ausflügen ins Burgenland oder Urlauben im Salzkammergut und in unserem großen Garten bei Gänserndorf getragen. Jetzt trage ich seltener Dirndl, aber zu meinem 90. Geburtstag, den ich in Matrei gefeiert habe, habe ich mir ein neues gekauft.

Sie ist eigentlich schon immer alleine einkaufen gegangen, denn ihr Mann hatte kaum Zeit und auch wenig Interesse beim Aussuchen dabei zu sein, das Resultat interessierte ihn aber, wie wir schon erfahren haben, doch sehr! Da hat sich also wenig in Doras Leben geändert, sie kauft weiterhin alleine ein und weiß genau, was ihr steht:

Hosen trage ich kaum, früher auch nicht. Also die Kleidung muss nicht teuer sein, aber sie muss mir gefallen. Ich weiß gut, was mir passt, und habe auch meine ausgesprochenen Lieblingsfarben. Ich bin keine Schnäppchenjägerin. Ich lasse mir jetzt viel schicken vom „Goldenen Schnitt". Das ist sehr bequem, da kann ich in Ruhe überlegen und aussuchen, ich treffe dann klare Entscheidungen, und wenn was nicht passt, schicke ich es zurück. Die Kleidung muss mir gefallen, ich muss mir selber gefallen! Jeder Mensch hat so Lieblingsstücke und ich liebe mehr so Stricksachen. Der Stellenwert von Mode hat sich in meinem Leben nicht wirklich verändert, das Thema war immer für mich wichtig und jetzt auch.

Vera A., 93 J.

Ehemalige Chemieprofessorin; alleine lebend in einer Kleinstadt

Ich blühe auf beim Shoppen, das sagen mir oft meine Töchter.

FREUDIG erregt öffnet die elegante Dame die Eingangstür. Sie ist mit einem Strickhosenanzug in Dunkellila mit großzügigem rosa Schalkragen bekleidet, dazu trägt sie schwarze Lackschuhe. Sie ist dezent geschminkt, an den Ohren trägt sie ovale Perlenohrringe, an den Fingern Diamantringe und am Handgelenk eine auffallende, mit Brillanten besetzte Uhr.

Sofort sprudelt es aus ihr heraus:

Seit Tagen bin ich mit den Vorbereitungen für das Interview beschäftigt, ich bin so aufgeregt. Sie hat

BIOGRAPHISCHE GESPRÄCHE 111

ganze Sammlungen von Outfits, die sie mir zeigen möchte, aber vorerst soll ich mich stärken. Auch hier hat Vera viele Vorbereitungen getroffen und üppig eine Jause mit vielen Köstlichkeiten zubereitet.

MIT KLEIDUNG fall ich auf, da kann ich mich bemerkbar machen, ich will bewundert werden und ich will mir selber gefallen.

Vera erzählt, es sei erst in den letzten Jahren gekommen, dass ihr Interesse an Mode so besonders gestiegen ist. Ihr Mann war sehr modebewusst, und als es finanziell besser wurde, hatte sie auch viel mehr Spielraum für diese wachsende Leidenschaft. Das Ehepaar hat zehn Jahre in Istanbul gelebt und diese Jahre waren in modischer Hinsicht sehr aufregend, denn in Istanbul ist man sehr, sehr modebewusst. So erinnert sie sich ganz genau an:

Ein rosa Taftkleid mit großem Kragen, das mir meine Tante genäht hat, wir haben es gemeinsam entworfen. Ich brauchte ein besonderes Stück für eine Festlichkeit im Konsulat. Beim Empfang hat mich die Frau des türkischen Konsuls gefragt, wo ich das Prachtstück her habe!

Der Stellenwert von Mode und Bekleidung wird für Vera immer wichtiger:

Es macht mir solche Freude! Früher hatte ich viel weniger Zeit, da war Kleidung nicht so im Mittelpunkt. Jetzt ist es so, dass ich eigentlich nichts mehr an mir habe, keine Schönheit mehr. Mit Kleidung fall ich auf, da kann ich mich bemerkbar machen, ich will bewundert werden und ich will mir selber gefallen.

Vera ist sehr unternehmungslustig, fährt gern und viel auf Urlaub, am liebsten mit ihren beiden Töchtern, sie sind eigentlich ihre Stieftöchter, denn ihr Mann war Witwer und

die Mädchen Halbwaisen, aber sie sind ganz wie ihre eigenen Töchter. Auch so ist Vera viel unterwegs.
Ich habe kein Rezept dafür, dass ich physisch und geistig so fit geblieben bin. Ich habe viele Stufen hier im Haus, das mein Vater entworfen und gebaut hat, die sind mein Fitnessprogramm. Ich habe beide Töchter zur Matura gebracht, das war zeitweise sehr mühsam. Ich habe mich um alle Belange, Haus, Garten, Schule und Erbe nach dem Tod von meinem Mann gekümmert und war immer tätig.

Heute ist Vera in der Lage, sehr großzügig zu sein, und dies ist sie auch gerne:
Ich blühe auf beim Shoppen, das sagen mir oft meine Töchter, ich kaufe oft auch für sie, wir tauschen auch Kleidungsstücke. Sie lieben es, Päckchen zu bekommen wie zu Zeiten, als ihr Vater noch gelebt hat.

Vera führt mich in ein eigenes kleines Zimmer im oberen Stockwerk, in dem sie viele schöne Geschenkpäckchen lagert und weitere Kleidungsstücke für ihre Töchter hergerichtet hat, die sie dann zu besonderen Anlässen verpacken wird. Es sind hier viele Rollen von Seidenpapier in unterschiedlichen Farben, festes Geschenkpapier und verschiedenfärbige Bänder. Es ist ein Geschenkzimmer!

Nun gehen wir noch ein Zimmer weiter und hier entfaltet sich ein Farben- und Requisitenspiel wie in der Staatsoperngarderobe. Kostüme, Kleider, Hosenanzüge, alles geschmackvoll kombiniert mit Taschen, Schuhen, Seidenschals.
Die Outfits, die ich zusammengestellt habe, liebe ich sehr. Die wunderschönen Krokotaschen trage ich aber nicht, die sind nur mehr zum Anschauen. Ich tausche oftmals auch mit meinen Töchtern, ihnen macht das auch so Spaß. Vera erzählt, dass sie manchmal mitten in der Nacht aufsteht, weil ihr eine besondere Kombination in den Sinn kommt, dann probiert sie das aus und legt sich ruhig wieder schlafen.

Ich denke mir beim Abschied, dass wohl die bei Vera entstehenden Gefühle von Freude, Lebensglück und Lebenselixier ihr Lebensrezept sind.

Barbara G., 89 J.

Ehemalige Gartenarchitektin; Villa im Wienerwald
mit 24 Stunden-Hilfe

Es sind bei mir vor allem Erinnerungen, die im Zusammenhang mit Kleidern entstehen.

DIE ZIERLICHE DAME lebt sehr abgeschieden und einsam in einer 400 Quadratmeter großen Villa, seit kurzem erst mit Hilfe. Sie trägt zum Interview eine schlichte Leinenbluse in Hellrosa, einen Cashmere-Cardigan in einem hellen Grau und einen Wollfaltenrock in Camelfarbe. Dazu trägt sie eine längere Steinkette. Ihre zierlichen Füße sind in elegante lederne Schnürschuhe gehüllt.

Die Vergangenheit ist allgegenwärtig in diesen Gemäuern und die Zeit scheint still zu stehen, einzig die Dame ist älter und einsamer geworden.

Ich habe eine sehr prägende Erinnerung an ein dunkelblaues Kostüm von Flamm. Dieses habe ich immer getragen, wenn ich in Konzerte ging, und ich ziehe es noch immer an, wenn ich zu besonderen Anlässen ausgehe.

Es sind bei mir vor allem Erinnerungen, die im Zusammenhang mit Kleidern entstehen. Das können traurige Ereignisse sein, wenn ich Trauerkleidung sehe, aber auch freudige Ereignisse und dadurch glückliche Erinnerungen, wenn ich schöne Kleidungsstücke sehe, die ich in Konzerten, Opernaufführungen oder bei Festen getragen habe. Erinnerungen spielen für mich heute eine große Rolle. Ich lebe ein Stück

ICH HABE mir einmal ein ganz besonderes Kostüm gekauft, grün kariert, alle haben gestaunt über dieses Kostüm. Ich habe es aber nie getragen, ichwollte nicht auffallen.

weit in meinen Erinnerungen und so ist doch Mode wichtig für mich als eine Art Motor der Erinnerung.

Im Zuge dieses Interviews sind einige sehr traurige Ereignisse im Leben der alten Frau zu Tage getreten. Sie hatte vier Söhne geboren, zwei davon waren Zwillinge, einer dieser Buben ist kurz nach der Geburt gestorben. Der überlebende Bruder sei inzwischen auch tot, erzählt sie, er habe sich nie zurechtgefunden im Leben. Fast erschrocken, aber dann erleichtert wirkte sie, darüber gesprochen zu haben. Wir sprechen lange über diese traurigen Schicksalsschläge. Nie, sagte sie, hätte sie sich vorstellen können, mit einer fremden Person über solche Dinge zu sprechen. Das Interview in weiterer Folge beschäftigte sich eher mit Dingen, die sie in Bezug auf Kleidung bereute, eines der Ereignisse war folgendes:

Ich habe mir einmal ein ganz besonderes Kostüm gekauft, grün kariert, alle haben gestaunt über dieses Kostüm. Es war so anders als alles, was ich sonst getragen habe. So auffallend. Mir hat es so gefallen. Ich habe es noch immer im Kasten. Ich habe es aber nie getragen, ich wollte nicht auffallen. ‚Schlicht wie Läuse' hat mein Vater immer zu mir gesagt.

Und in einem Nachsatz:

Er meinte, ich bin schlicht wie eine Laus, Läuse sind unbedeutend.

Diese Dame fühlte sich unbedeutend, dies war sie zwar für ihre

Familie und Freunde ganz und gar nicht, aber es war ihr Gefühl. *Heutzutage ziehe ich nichts Besonderes an, höchstens einmal eine Trachtenbluse mit einem Rock von Tostmann. Ja, von Tostmann habe ich auch ein oranges Jackerl – dieses hat mir meine Schwester geschenkt.* Es fiel der Interviewerin schwer, die Situation so zu belassen. Wir vereinbarten daher einen zweiten Termin, eine Einladung zum 5 Uhr-Tee, und bei diesem Anlass trug die alte Dame erstmals ihr grün kariertes Kostüm.

Sieglinde R., 88 J.

Ehemalige Herrenschneidermeisterin; lebt nun mit ihrer Tochter in Wien, davor alleine auf dem Land (seit 25 Jahren verwitwet)

Ich bin selber über 40 Jahre an der Nähmaschine gesessen.

BEKLEIDET ist Frau Sieglinde beim Interview mit einem fliederfarbenen Wollpullover mit kleinen Goldknöpfen und einer dunklen Wollhose. Sie trägt einen goldenen Ehering und goldene Brillantohrringe. Sie ist ungeschminkt, aber die sanfte Farbe ihres Pullovers schmeichelt ihrem Teint.

Sieglinde mustert mich mit den Augen einer Expertin, ich trage ein elegantes Kostüm und ein schönes Seidentuch und bin innerlich erleichtert, dass ich mir heute besondere Mühe mit meinem Outfit gegeben habe, denn schließlich bin ich jetzt bei einer ehemaligen Herrenschneidermeisterin, und das ist die „Aristokratie" dieser Zunft, wie ich bald zu hören bekomme.

Ich war immer modebewusst, aber ich habe mir keine schöne Mode leisten können. Ich bin selber über 40 Jahre an der Nähmaschine gesessen. Ich wollte immer Schneiderin werden, immer. Ich habe beim Pöttler in Mürzzuschlag gelernt, das war ein sehr gutes Geschäft. Ich musste aber drei Jahre auf meine Lehrstelle warten, weil er einen Mann vorgezogen hat. Ich wollte unbedingt Herrenschneider werden, das ist die Aristokratie der Schneider. Wir haben so viel gelernt und so schöne Stoffe verarbeitet.

Sie erzählt, dass sie, was Mode anlangt, keine Vorbilder hatte, dass es aber immer ihr Wunsch war, das Nähen zum Beruf zu machen. Zur damaligen Zeit, meint Sieglinde, war es viel einfacher mit der großen Mode, man konnte sich tolle Sachen abschauen. So ist sie zu den Auslagen der Modegeschäf-

ICH ERINNERE mich so gut an die Nähmaschine am Tisch zu Hause in der Küche, da habe ich für meine jüngeren Schwestern Kleider genäht, ohne Schnitte.

te in ihrer Heimatstadt gegangen und hat sich einiges abgeschaut. Sie hatten in ihrem Elternhaus eine Nähmaschine.

Ich erinnere mich so gut an die Nähmaschine am Tisch zu Hause in der Küche, da habe ich für meine jüngeren Schwestern Kleider genäht, ohne Schnitte. Niemand hat mir das beigebracht, es war einfach eigenes Interesse. Ich wusste auch immer,

BIOGRAPHISCHE GESPRÄCHE

welche Farben zusammenpassen, ich habe absolutes Farbgefühl.

Später im Beruf habe sie dann schon mit Schnitten genäht und sie hatte sehr viele Kunden und Kundinnen, auch Prominente, wie die Frau eines früheren Bundespräsidenten, sie hatte einen sehr guten Ruf als Schneiderin. Sieglinde gesteht aber ein, dass ihr das Nähen nicht immer Spaß gemacht hat:

Aber ich habe gewusst, ich muss, und ein Muss ist eine harte Nuss. Zuerst habe ich im Geschäft genäht und dann 40 Jahre privat ‚gepfuscht'. Jetzt nähe ich gar nicht mehr, die Augen sind nicht mehr gut genug, das braucht man zum Nähen. Es macht so keinen Spaß mehr, leider nähe ich nicht mehr. 40 Jahre kann man aber nicht einfach wegstecken, ich habe noch immer ein sehr gutes Auge dafür.

Sieglinde ruht in sich, sie sagt auch von sich, dass sie sehr zufrieden ist, sie meint: *Alt sollte man nicht werden, aber früh sterben auch nicht.* Die früheren glücklichen Zeiten sind durch ihre Erinnerungen ein Teil vom Hier und Jetzt und sie denkt gerne zurück:

Ich bin früher sehr gerne mit meiner Tochter einkaufen gegangen. Ich könnte Millionen haben, ich würde mein Leben nicht ändern wollen. Ich habe mich nie arm gefühlt, obwohl wir nie viel Geld hatten. Früher hat es mir großen Spaß gemacht, mich elegant anzuziehen, so bin ich mit meiner Schwiegertochter gerne einmal im Jahr ins Hotel Miramar nach Abbazia gefahren, da hat man sich ganz elegant zum Diner umgezogen. Ich war dort sehr elegant gekleidet, und immer mit Handschuhen, ich gehe nie ohne Handschuhe, eine Schneiderin muss immer warme Hände haben, sogar im Sommer trage ich Handschuhe, es schützt die Hände.

> ALT SOLLTE MAN NICHT WERDEN, ABER FRÜH STERBEN AUCH NICHT.

Henriette L., 85 J.

Literaturwissenschaftlerin; lebt alleine

Ich suche mir das zum Anziehen, was zu meiner Befindlichkeit passt.

HENRIETTE überblickt von ihrer Wohnung im fünften Stock viele Gärten und einen schönen Friedhof in ihrem „Grätzl" der Stadt. Sie blickt zurück auf ein langes, buntes Leben in verschiedenen Ländern und sprüht vor Lebensfreude, wie mir scheint. Bekleidet ist sie beim Interview mit einem lindgrünen Strickkostüm, dazu trägt sie eine passende Steinkette mit Ohrringen und zwei Ringe an den Fingern, einen mit einem Smaragd und Diamanten und einen mit einem großen grünen Stein, in Gelbgold gefasst.

Die Geschichten, die Henriette rund um das Thema Mode zu erzählen weiß, sind sehr amüsant: *Also meine Mutter und Großmutter wären nie ohne Hut außer Haus gegangen. Sie hatten eine Schneiderin in der Stadt und gingen immer zu ihr. Während des Krieges waren sie halt sehr dünn und nach dem Krieg (Zweiten Weltkrieg) sind sie immer dicker geworden. Irgendwie haben sie sich etwas geschämt, dass sie beide so dick geworden sind. Ihre Schneiderin hat sie aber beruhigt: ‚Aber Frau Gräfin, das macht der Wohlstand, seien Sie stolz, dass Sie dick sind, da sieht man, es geht Ihnen gut.' Na ja, ich bin jetzt selber auch bissl rundlich, aber ich fühle mich pudelwohl.*

Henriette hat lange in den USA gelebt und musste beruflich elegant auftreten, da ist ihre Mutter zu Besuch gekommen und sah zum ersten Mal Damen, die ihre Haare grün, rosa oder lila gefärbt trugen (sogenannte Rinses) und auch solche Farben für ihre Hosenanzüge, Mäntel, usw. ausgesucht hatten. Ihre Mutter war begeistert, kaufte sich dann auch solche Kleidung, ging damit nach Wien zurück und machte Furore! In den USA sagten die Kolleginnen von Henriette an der Uni über sie, dass sie die Eleganteste von allen ist! Sie meint bescheiden dazu:

Ja, ich habe meinen eigenen Stil bald gefunden. Na ja, kein Wunder, die Vorgabe war ja ganz einfach: klein und dick. Da gab es nicht viele Optionen.

Farben waren ihr immer sehr wichtig, sie hatte feuerrotes Haar (die irische Verwandtschaft) und grüne Augen. Sie meint, weil sie so klein sei, falle sie nicht auf, da müsse sie entweder viel reden oder eben optisch bemerkbar sein.

Ich suche mir das zum Anziehen, was zu meiner Befindlichkeit passt. Ich bin im Grunde eine sehr heitere Natur, hab natürlich so einiges hinter mir im Leben, einige Scheidungen und Krebs gehabt. Mein erster Mann hat aus mir als ‚Nockerl' einen denkenden Menschen gemacht. Er hatte schon Kinder und wollte keine mehr haben, ich wollte schon Kinder, da haben wir uns getrennt.

JA, ich habe meinen eigenen Stil bald gefunden. Na ja, kein Wunder, die Vorgabe war ja ganz einfach: klein und dick. Da gab es nicht viele Optionen.

Wir hatten aber nie eine Hochzeitsreise gehabt, da schlug mein Mann mir vor, eine große Scheidungsreise zu machen, das haben wir dann wirklich gemacht. Ich

kaufte mir dafür eine neue Garderobe. Die Reise war wunderbar, die Garderobe auch.

Henriette hat sich immer für sich selbst gekleidet, und auch wenn sie nur daheim ist, richtet sie sich her. Gerne trägt sie Kaftans, und immer ist sie geschminkt und frisiert. Das hebt ihre Stimmung.

Ich habe mich auch einmal wirklich als Star gefühlt, da war ich in Cleveland, Ohio, in einer schwarzen Gastfamilie, ich klein, rothaarig, mollig, alle Männer haben sich nach mir umgedreht. Ich war eine Sensation, Sophia Loren wäre keine Konkurrenz gewesen!

Bei aller Heiterkeit ist Henriette auch sehr nachdenklich und gewissenhaft, wenn es um Herkunft und Herstellung ihrer Kleidungsstücke geht.

Wenn ich jetzt etwas kaufe, schaue ich sehr genau, wo das Stück gemacht worden ist. Ich kauf sicher nicht, weil es billig ist, wenn die Leute schlecht bezahlt wurden.

Flora R., 84 J.

Malerin und frühere Spitzenbeamtin; wohnt alleine in einem Haus in einer Großstadt

Ich liebe Farben.

BEKLEIDET mit einer dunkelblauen Jeanshose mit purpurrotem Pullover und Tuch in verschiedenen Schattierungen von Lila, Blau und Rot.

Vor diesem Interview überlegte ich sehr gut, welche Farbkombination ich tragen würde. Eine Malerin würde sehr genaue Vorstellungen von Farben haben. Ich hatte schon etliche Fauxpas im Zuge der Interviews „verbrochen" und wollte keine weiteren Fehler machen! Ich entschied mich für eine Schwarz/Weiß-Kombination, so fühlte ich mich auf der sicheren Seite.

FARBEN sind ein wichtiger Teil meines Lebens geworden, Farben im Raum, im Garten, bei der Kleidung, Farben, überall sind sie für mich wichtig.

Flora lud mich in ihr Atelier im Gartenzimmer ihres Hauses ein. Von außen grüßte eine Pracht an Blumen und kleiner Gewächse, Buchsbäumen, kunstvoll geschnitten in Form von Vögeln und Kugeln. „Topiary", erzählt mir Flora, ist der Name dieser Gartenkunst. Sie mache diese Pflanzenskulpturen selber, erzählt sie. Im Inneren des Raumes erlebte ich einen veritablen „Farbenrausch". Die hohen Wände waren dicht behängt mit vielen Ölbildern, etliche Staffeleien befanden sich im Zimmer und hier stapelten sich die Leinwände, teilweise fertig gemalt, teilweise nur skizzenmäßig ausgeführt.

Ich liebe Farben, sagt Flora und lacht. *Farben sind ein wichtiger Teil meines Lebens geworden, Farben im Raum, im Garten, bei der Kleidung, Farben, überall sind sie für mich wichtig. Am Anfang meines Lebens habe ich eigentlich kaum Erinnerung an Farben. Ich war ein Flüchtlingskind von Österreich nach England, Flüchtlinge erinnern sich, glaube ich, nicht so an solche Sachen wie Kleidung oder Farben, da geht es um das Überleben. Woran ich mich schon erinnere, ist der Koffer meiner Mutter. Darin hatte sie alle unsere Sachen, wir waren drei Kinder und sie hatte ein Kleid, ein gutes Kleid für besondere Anlässe in ihrem Koffer. Es hatte Falten, sie trug es sicher circa 15 Jahre. Es war rot und blau. Meine Mutter behauptete immer wieder über die Engländer, dass sie keinen Sinn für Farben hätten, weder bei ihrer Kleidung noch bei ihrer Einrichtung. Ich verstehe es nicht ganz, wieso sie da so bestimmt war.*

Es stellt sich heraus, dass Kleidung durch die Schule ein Thema in Floras Leben wurde:

Wir mussten ja Schuluniform tragen und wir haben oft Schule gewechselt, denn wir sind oft umgezogen. Ich habe keine Idee, woher das Geld für die verschiedenen Schuluniformen gekommen ist, wir hatten in diesen Jahren nie Geld.

Flora erzählt, wie sie ein Stipendium an eine sehr gute und teure Schule bekommen hat, aber die Situation trotz des Lernerfolges für sie ganz und gar nicht einfach war:

Ich fühlte mich ganz anders als die anderen Kinder. Ich schämte mich, denn ich trug immer dieselben Sachen, Mami war sehr froh, dass wir genügend Kleidung zum Überleben hatten. Sie hatte Nähzeug bei sich und konnte die Sachen reparieren und flicken.

Viele Jahre sind vergangen und inzwischen hat Flora eine große Sicherheit in allem, was sie tut. Sie hat die Möglichkeit ergriffen und ihren Spitzenbeamtenjob aufgegeben, um Malerin zu werden, und dies keine Sekunde bereut. Vieles hat sie gelernt durch ihre neue Berufung:

Jetzt habe ich gelernt, wie ich mich kleide. Ich kann mir kaufen, was immer ich will. Ich muss etwas tragen, das mir steht. Ich habe diese Sachen gelernt, indem ich damals oft zu John Lewis (einem großen Geschäft in London) einkaufen gegangen bin. Es hat eine Weile gedauert, aber ich habe es gelernt. Ich habe Color Me Beautiful gelesen.

Die kunstsinnige Frau ist überzeugt, dass Farben etwas mit ihrer Psyche machen. Sie fühlt sich ganz glücklich in schönen Farben, am liebsten Blau/Rot- oder Blau/Grün-, Rosa- und Lila-Töne. Diese sind auch die Farben, die sie am liebsten zum Malen nimmt und die sie in ihrem Garten und Haus umgeben. Und in einem Nachsatz erwähnt Flora:

Ich liebe österreichische Kleidung, ich trage, was immer ich da finden kann.

Veronika A., 79 J.

Ehemalige Augenärztin; lebt mit ihrem Partner auf dem Land

Mein Kommunionskleid hat mir meine Oma aus einem Vorhang genäht.

WIR sind für dieses Interview in einem großen, hellen Raum, umgeben von vielen schönen Frauengestalten, Skulpturen in Holz, Stein und Metall, große und kleine, alle aus der Hand von Veronikas Mann. Veronika fügt sich in diese Kulisse, sie trägt einen lilafarbenen Pullover und eine schwarze Hose aus erlesenem Cashmere und extravagante grau/schwarze Schuhe mit Riemen, dazu hat sie einen Maxi-Wollschal in rot-schwarz-weißem Karomuster über ihre Schultern drapiert. Ganz auffallend sind die große Modeschmuckkette aus Kunstharz, diese auch in Weiß, Schwarz und Rot, und die ebenfalls großen Ohrclips in Elfenbeinfarbe. Frech und witzig wirkt ihre runde, rot eingefasste Brille. Veronikas Lippenstift ist passend zu Brille, Schal und Schmuck gewählt, und als einziges zierliches Element trägt sie einen schmalen Goldring mit kleinem Edelstein.
Ich habe heute große Freude an Kleidung, weil ich mir leisten kann, was

> WIR HATTEN NICHT GENUG GELD FÜR KLEIDUNG, DIE MIR GEFALLEN HAT.

mir gefällt, aber ich erinnere mich, dass die Kleidungssituation in der Schule ein großes Problem für mich darstellte. Wir hatten nicht genug Geld für Kleidung, die mir gefallen hat. Mein Kommunionskleid hat mir meine Oma aus einem Vorhang genäht und mein erster Mantel wurde von mir selbst aus einer Decke geschneidert.

Oft konnte also Veronikas Familie kreative Lösungen für den Kleidungsbedarf finden, aber dies gelang nicht immer. Sie erzählt von einer berührenden Situation mit einer Schulkollegin, zu der sie heute noch immer engen Kontakt hat.

Ich besuchte eine private Klosterschule im 19. Bezirk, die meisten Mädchen waren auch schlecht gestellt, da es damals für fast alle finanziell eng war, aber es gab einige aus sehr vermögenden Familien. Einmal hat mich eines dieser Mädchen in ein Konzert eingeladen. Als sie dann sah, wie ich für das Konzert hergerichtet war, sagte sie: ‚So kannst du nicht mitgehen.' Ich hatte aber nichts Besseres und bin trotzdem mitgegangen. Es war dies ein sehr prägender Eindruck für mich. Ich blieb aber mit dieser Mitschülerin befreundet und heute ist sie eine sehr liebe bescheidene Frau geworden. Sie hatte dann große Schicksalsschläge zu bewältigen, denn ihr Vater war ein großer Konzernchef und da gab es irgendwelche Ungereimtheiten, er hat sich umgebracht. Wir wurden letztendlich eine ganz großartige Klassengemeinschaft.

Veronika erinnert sich, dass ihr Großvater mütterlicherseits Fachmann für historische Kostüme war, laut Erzählungen waren ihm Farben ganz wichtig und diese sind für seine Enkelin auch von Bedeutung.

Mein Mann und ich sind früher sehr viel gereist und von vielen Ländern haben wir schöne Stoffe mitgebracht, die farbenfrohen Stoffe in Afrika haben mir besonders gefallen. Farben sind unheimlich wichtig für mich. Meine Lieblingsfarbe ist rot. Seit vielen Jahren trage ich diese rote Brille. Für meinen Mann sind die Farben, die ich trage, auch sehr wichtig, das hat er sehr gerne, und wenn ein Stück ihm sehr gefällt, dann betont er das.

Veronika hat immer großes Interesse für Mode gehabt, es war stets ein Thema. Allerdings weiß Veronika aus ihren frühen Jahren, dass man
  sich die Kleidung leisten können muss, die einem gefällt. Ich war in dieser Hinsicht immer sehr leichtsinnig, habe viel und teuer gekauft, manchmal habe ich dann auch ein bissl ein schlechtes Gewissen gehabt, wie man's halt so hat.

Veronika hat im Laufe der Jahre neben der rot eingefassten Brille eine weitere persönliche Modespezialität für sich entwickelt, ihren Modeschmuck. Sie findet diesen viel leichter und lustiger als echten Schmuck und experimentiert viel herum, sie nimmt die Ketten auseinander, fügt neue Farben und neue Elemente ein, kann dies genau ihrer jeweiligen Garderobe anpassen.
  Ich habe mit den Ketten so begonnen, weil ich einen Pigmentfehler am Hals entwickelt habe und so weiße Flecken bekommen habe. Ich trage jeden Tag eine Kette oder einen Schal oder so wie heute manchmal beides! Ja, und große Ohrclips trage ich auch immer. Ich würde zwar gerne so feine kleine Stecker tragen, aber meine Ohrlappen sind so riesig, das geht gar nicht. Die werden auch im Alter immer größer!

ICH TRAGE jeden Tag eine Kette oder einen Schal oder so wie heute manchmal beides! Ja, und große Ohrclips trage ich auch immer.

Tja, und so werden Veronikas Ohrclips auch immer größer. Sie hat ihre Gabe des Kaschierens zu einer Kunst für sich und ihre Umgebung kreiert.

Bibiana I., 78 J.

Ehemalige Verkäuferin; wohnt alleine in Wien 15

Ich habe in der Tauschzentrale gekauft, meine Kinder waren immer ‚tipptopp' angezogen.

DIE quirlige Dame erscheint zum Interview in einem Nachbarschaftszentrum des Wiener Hilfswerks in Wien 15. Sie ist „gestylt" in einer Schwarz/Weiß-Kombination, Kleid mit Schal und Hut samt Hutnadel, dazu Schmuck (lange Ketten, Armreifen, Ohrringe). Dazu trägt sie schwarze Lederstiefel, einen schwarzen Ledermantel mit Pelz gefüttert, Handschuhe in Schwarz/Weiß, eine große, geräumige schwarze Lederhandtasche und einen roten Schirm. Ihre Haare sind blond gefärbt und gelockt, sie ist geschmackvoll geschminkt.

Eine meiner Töchter ist an der Uni Wien, sie ist auch eine Frau Doktor.

Sie trägt Designermode. Sie sagt, dass ihre Mutter auch Designermode trägt – aber Second Hand.

Frau Bibiana redet zuerst, ohne gefragt zu werden, sie ist sehr nervös, *freudig erregt*, sagt sie, über dieses Interview. Dass sie je jemand über ihre Modeliebe ausfragen würde, und das für wissenschaftliche Zwecke, *das hätte sie sich nie erträumen lassen*. Sie hat laut eigener Aussage keine Ausbildung genossen, wuchs in ärmlichen Verhältnissen in Wien auf, hat eine Friseurlehre begonnen, aber da hat eine Kollegin versucht ihr eine Falle zu stellen (Armband in die Arbeitstasche ge-

ICH TRAGE die Mode für mich selbst. Für die anderen trage ich auch meine schönen Sachen. Es macht andere glücklich, wenn ich gut aussehe, und mich auch.

legt, um ihr Diebstahl anzuhängen, sie hat dies aber erkannt und hörte dort zu arbeiten auf). Danach ging sie als Arbeiterin zu einer guten Kristallfirma, die Luster erzeugt hat, später wurde sie dann in den Verkauf versetzt. Dort habe sie ihre Berufung gefunden, sie sei eine geborene Verkäuferin.

Als ich jung war und auch als ich verheiratet war, waren wir arm. Ich habe in der Tauschzentrale gekauft, meine Kinder waren immer ‚tipptopp' angezogen. Alles war immer schon damals bei mir auch Second Hand.

Gefragt auf einer Skala von 10, für wen sie ihre Mode trage (also für sich selbst oder für die anderen), antwortet sie:

Ich trage die Mode für mich selbst, da sage ich 10. Ich definiere mich über meine Mode. Für die anderen trage ich auch meine schönen Sachen, da sag' ich auch 10. Es macht andere glücklich, wenn ich gut aussehe, und mich auch.

Vor zehn Jahren habe sie ein völlig neues Leben begonnen. Sie habe alles verkauft und sei hierher in den 15. Bezirk zurückgezogen.

Man kennt mich im ganzen 15. Bezirk. Einmal hat ein Herr zu mir gesagt, er wusste nicht, dass die Königin von England auch im 15. Bezirk residiert, wegen meinem edlen Kleidungsstil. Ein anderes Mal hat ein Herr mir in der Märzstraße nachgerufen: ‚Sind Sie frei, Sie sind so schön!', das habe ich als Kompliment aufgefasst.

Frau Bibiana wirkt rundum glücklich mit ihrer jetzigen Lebenssituation:

Ich habe so eine große Freude mit meinen Sachen, dass ich jeden Tag was anderes anziehen möchte, ich probiere so viel herum und hab extra eine Hilfe, nur um meine Kleider wieder wegzuhängen, putzen tue ich mir dafür selber!
Eigentlich bin ich immer lustig. Ich habe viele schlimme Sachen erlebt. Ich bin jetzt alleine und will keinen Mann mehr. Meine Tochter sagt, dass ich meine Persönlichkeit mit meiner Kleidung ausdrücke.

Grete G., 77 J.

Frühere Fabriksarbeiterin; wohnt alleine

Bei uns war Bekleidung ausschließlich „a Gwand", nie Schmuck und Zierde.

GEKLEIDET in weißer Bluse, rotem Gilet, schwarzer schmaler Hose, mit roten Ohrringen und rotem Armband als Schmuck. Die dunklen Haare kurz und flott geschnitten. Dezent geschminkt.

Grete kommt „durchgestylt" zu unserem Interview im Nachbarschaftszentrum. Alles passt zusammen und wirkt ganz stimmig zu ihrem sportlich-eleganten Typ. Sie kennt viele Personen hier im Zentrum und wirkt gesellig und fröhlich. Umso überraschter bin ich, als Grete nach meiner ersten Frage nach ihrem „Modeleben" zu erzählen beginnt.

Mode hatte in unserer Familie überhaupt keine Bedeutung und Stellenwert. Ich bin ganz am Land aufgewachsen, meine Mutter führte eine Pension, die sie nie führen wollte, sie wollte eigentlich ins Kloster gehen, ja und so war sie auch angezogen, immer in Grau oder Schwarz. Wir waren drei Schwestern und einmal im Jahr durften wir mit der Mutter in die Stadt fahren und wurden um das Trinkgeld, das wir uns in der Pension verdient hatten, von unserer Mutter eingekleidet. Es war keine schöne Kindheit oder Jugend.

Sobald sie konnte, entfloh Grete dieser für sie so tristen Umgebung und ging in die Großstadt. Einer ihrer ersten Wege führte sie ins Kaufhaus Stafa, wo sie sich ein abscheuliches Kleid einreden ließ, hier holte sie ihre Geschichte gleich wieder ein:

Ich denke heute noch daran, was für ein ‚Trutscherl' vom Land ich war.
Ich wusste nicht, was mir steht, und habe keine Vorbilder in Familie oder Umfeld gehabt. Bei uns war Bekleidung ausschließlich ‚a Gwand', nie Schmuck und Zierde.

ICH DENKE HEUTE NOCH DARAN, WAS FÜR EIN „TRUTSCHERL" VOM LAND ICH WAR.

Aber in Wien fand Grete sehr bald ein positives Vorbild, eine Kollegin. Diese war ein äußerst warmherziger und freundlicher Mensch und sie war immer schön gekleidet. Durch sie hat dann Grete nach und nach gelernt, wie man Sachen kombiniert, da ein Tuch, da eine kleine Brosche, sie lernte, welche Farben zu ihr passen, und schließlich, im Alter von etwa 40 Jahren, begann sie für sich Kleidung nach ihren eigenen Vorstellungen zusammenzustellen.

Vorbilder aus Film und Fernsehen habe ich nie gehabt, ich finde jedoch, dass sich die Frau Landeshauptfrau

Mikl-Leitner sehr gut anzieht. Es ist zwar nicht mein Stil, ich mag aber diesen Stil sehr. Was ich absolut nicht mag, ist, wenn man in Jogginghosen außer Haus geht, ich finde, man soll Wert auf die Kleidung legen, die man trägt. Ich habe eine Freundin, die hat mir erzählt, dass sie einmal einen Arbeitskollegen auf der Straße getroffen hat, es war ihr total peinlich, weil sie Jogginghosen anhatte. Man weiß nie, wen man trifft!

> **ICH FÜHLE mich so wohl wie nie in meinem Leben. In der Jugend war mir Äußerlichkeit nicht wichtig, ich hatte so große Sorgen, heute habe ich keine wirklichen Sorgen und Kleidung ist mir sehr wichtig.**

Grete fühlt sich heute ganz sicher mit ihrem Kleidergeschmack, sie geht gerne alleine einkaufen. Sie weiß inzwischen, dass sie weniger gute Tage zum Positiven ändern kann, indem sie etwas Hübsches anzieht und sich schminkt, und gleich verfliegt ihre schlechte Laune. Gretes guter Geschmack wird auch sehr geschätzt, so hat ihr Sohn (den sie alleine großgezogen hat, er ist heute 51 Jahre alt) eine bekannte Schauspielerin geheiratet und auch diese legt großen Wert auf den Geschmack und Rat ihrer Schwiegermutter Grete!

Ich fühle mich so wohl wie nie in meinem Leben. Ich bin in der glücklichen Situation, keine Geldsorgen zu haben. Es hat sich bei mir im Alter etwas geändert. In der Jugend war mir Äußerlichkeit nicht wichtig, ich hatte so große Sorgen, heute habe ich keine wirklichen Sorgen und Kleidung ist mir sehr wichtig.

Friederike F., 76 J.

Frühere HAK-Professorin; lebt an zwei Wohnsitzen, einem in Stadtnähe, dem zweiten auf dem Land, pflegt ihren Mann

Auch im Alter wird aus mir keine Dame. Ich bin, wie ich bin, lustig, praktisch und freue mich, wenn ich das Gefühl habe, dass ich auch schön bin.

DIE QUIRLIGE kleine Dame ist beim Interview mit einem weißen Polo-Top und einer legeren dunkelblauen Hose bekleidet. Sie trägt sehr individuellen und originellen Ohrschmuck, in dem einen Ohr ein großes rundes Glas mit färbigem Teil, im anderen einen dunklen kleinen Stecker, ihre Finger zieren vier gelbgoldene Ringe.
Ich bin ein sehr heiterer Mensch, hab in diese Richtung auch meine Nachred. Auch im Alter wird aus mir keine Dame. Ich bin, wie ich bin, lustig, praktisch und freue mich, wenn ich das Gefühl habe, dass ich auch schön bin.

Friederike sieht man an, dass sie ein heiterer Mensch ist, die Wärme in ihren Augen und die Lachfalten um ihre Augen verraten dies sofort. Dennoch, unser Gespräch führt bald in die eher düsteren Nachkriegszeiten, die sehr prägend für das damals junge Mädchen waren:

Ich bin in der Nachkriegszeit groß geworden, ich erinnere mich noch genau an diese schrecklichen handgestrickten Unterhosen, die sich im Schritt natürlich verfilzt haben. Es gab auch handgestrickte Badeanzüge, die immer größer und größer geworden sind. Sicher waren andere Mädchen modischer gekleidet als ich, aber ich war nicht neidig. Ich wollte nie mehr verlangen, nicht das Budget überstrapazieren, ich war zufrieden.

Prägend war auch für Friederike die Tracht, sie ist im Salzkammergut, in Gmunden am Traunsee, aufgewachsen und ihre Familie wurde in der Nachkriegszeit an den Attersee evakuiert. Von dieser Zeit weiß Friederike viel über ihre Mutter zu erzählen, die sehr gut nähen konnte und für die Bauern und Bäuerinnen Trachtenkleidung anfertigte.

Mutti hat somit einen zusätzlichen, bitter notwendigen Verdienst für die Familie erwirtschaften können.

Friederike spricht liebevoll von ihrer Mutter:

ICH KANN mich sehr genau an ein grünes Plisseekleid erinnern. Das habe ich entworfen und Mutti hat es für mich genäht, es war eine schöne Mutter- und Tochter-Beziehung.

Als ich ein Teenager war, waren Plisseekleider sehr en vogue. Ich kann mich sehr genau an ein grünes Plisseekleid erinnern. Das habe ich entworfen und Mutti hat es für mich genäht, es war eine schöne Mutter- und Tochter-Beziehung.
Friederike erzählt, dass sie immer schon mit Accessoires gespielt hat, so hat sie beispielsweise an die 50

Schals. Bei den Ohrringen hat sie schon längst aufgehört zu zählen.

Sehr früh habe ich begonnen, was Besonderes mit den Ohrringen zu unternehmen, ich trage immer ein großes, auffallendes Stück und im zweiten Ohr einen Stecker. Das ist mein Markenzeichen geworden. An der Handelsakademie, wo ich viele Jahre unterrichtet habe, haben die StudentInnen immer schon gewartet, was wird sie heute wieder tragen? Das war lustig. Ich würde sagen, dass jetzt Kleidung für mich intrinsisch wichtiger ist. Früher bin ich in der Klasse gestanden und habe mich deswegen gut angezogen, jetzt mache ich es für mich.

Schmunzelnd gesteht Friederike, dass sie nicht die Figur hat, die sie sich wünscht, und dies auch nie gehabt hat. Sie hat keinen Komplex deswegen, sie muss sich halt einiges nähen lassen, Komplexe hat sie nur, wenn es darum geht, Kleider zu kaufen.

Ich bekomme die Krise in der Umkleidekabine.

Dann lacht Friederike herzhaft und berichtet, dass sie jetzt mit ihrem Mann immer sehr gesund essen muss, sie haben sich sogar fürs Teilfasten entschieden:

Das tut meiner Figur sicherlich sehr gut!

ICH TRAGE *immer ein großes, auffallendes Stück und im zweiten Ohr einen Stecker. Das ist mein Markenzeichen geworden.*

Zita R., 76 J.

Ehemalige Fabriksarbeiterin; Pflege- und Betreuungszentrum, ländliche Gegend

Ich hatte schon sehr schwere Zeiten.

ZU FRAU Zitas Zimmer im ersten Stock werde ich von einer Seniorenbetreuerin geleitet. Schon vor der Tür spüre ich den Duft von frischem Kaffee und beim Eintreten sind Zitas erste Worte: *Möchten Sie einen Kaffee?*

Zita sitzt im Rollstuhl, bekleidet mit einer dunklen Hose und einem hellen Pullover. Sie trägt eine hübsche Brosche und weiche dunkle Schuhe. Sie hat einen kleinen Tisch mit Tassen und Blumen gerichtet und bittet mich Platz zu nehmen, wir beginnen unser Gespräch, und hier ist der Ausgangspunkt die Kleidung:

Hier im Heim habe ich den Ruf als bestangezogene Frau im Pflegeheim, das freut mich. Der Direktor hier hat gesagt, als er gehört hat, dass ich für ein Interview ausgewählt wurde, da hat man genau die Richtige ausgesucht. Er weiß, dass ich immer gut angezogen bin, ja, es ist mir jetzt wichtig, immer gut angezogen zu sein.

Im weiteren Verlauf unseres Gesprächs erzählt Zita sehr bald aus ihrem Leben:

Ich hatte schon sehr schwere Zeiten. Es macht mir nichts, im Heim zu sein, in diesem hier, hier geht es mir gut. Mir ist es eigentlich mein Leben lang nicht besser gegangen als jetzt.

Zita sieht sich in ihrem geräumigen, sonnigen Zimmer um. Sie hat es hübsch möbliert, die eigenen Möbel hat sie mitgebracht und Bilder und Fotos dekorieren die

Wände. Ihr ganzer Stolz, sagt sie, ist, dass sie eine eigene Kaffeemaschine im Zimmer haben darf, das sei nicht üblich. Ich begreife, dass die Tasse mit dem duftenden Kaffee, die ich noch in Händen halte, symbolisch für sie etwas ganz Wesentliches ist.

Ich wuchs in sehr einfachen Verhältnissen auf und Geld war immer ein Thema. Es wurde getragen, was da war, es gab für Sonntag ein Sonntagsgewand. Die Kleidung war mir als Kind weniger wichtig, allerdings schöne Schuhe waren mir immer wichtig. Ich habe großen Wert beim Fortgehen auf schöne Kleidung gelegt, da wollte ich immer schön angezogen sein, egal was es gekostet hat!

Zita erzählt weiter:

Dann habe ich geheiratet und drei Kinder bekommen. Mein Mann ist gestorben, als die Kinder noch ganz klein waren. Ich habe die Kinder und die Arbeit in der Kugellagerfabrik nicht mehr alleine geschafft und musste meine Kinder ins SOS-Kinderdorf geben. Sie kamen in das Dorf nach Seekirchen bei Salzburg, alle drei, sie wurden nicht getrennt. Ich habe immer den Kontakt zu ihnen gehalten und wir haben auch heute guten Kontakt. Ich musste weiter in der Fabrik arbeiten. Ich war ganze 30 Jahre dort beschäftigt.

Sie ist nach ihrer Aussage körperlich jetzt sehr schwach und auf Hilfe angewiesen, daher ist sie bereits im Pflege- und Betreuungszentrum. Ihre Kinder kommen sie regelmäßig besuchen, sie würden sie auch zu sich nehmen, aber sie möchte keine Last sein. Hier sei es gut, ist sie überzeugt. Mit den MitbewohnerInnen habe sie nicht viel Kontakt, aber mit dem Personal, und die seien alle sehr lieb zu ihr.

Da sie im Rollstuhl ist, braucht sie eine Begleitung beim Einkaufen, das macht Zita sehr gerne. In ihrem

> ES WURDE GETRAGEN, WAS DA WAR, ES GAB FÜR SONNTAG EIN SONNTAGSGEWAND.

Ort ist ein kleines Modecenter.

Ich kaufe mir immer wieder etwas Neues und schaue, dass es einigermaßen zusammenpasst. Ich wähle keine Muster, eher einfärbig, das ist immer leichter zu kombinieren. Am liebsten habe ich rote Sachen oder ein schönes Blau oder ein schönes Grün.

Zita sieht hinaus aus dem Fenster in die weite grüne Natur, die das Zentrum umgibt.

ICH KAUFE mir immer wieder etwas Neues und schaue, dass es einigermaßen zusammenpasst. Ich wähle keine Muster, eher einfärbig, das ist immer leichter zu kombinieren. Am liebsten habe ich rote Sachen oder ein schönes Blau oder ein schönes Grün.

Liselotte G., 73 J.

Ehemalige Religionslehrerin; zwei Wohnsitze: Stadt und Land

Ich habe nur Kleidung, in der ich mich wohlfühle.

AN EINEM strahlend schönen Sommernachmittag treffen wir uns in Liselottes Garten zum Interview. Sie trägt eine blaue Leinenbluse (genau die Farbe ihrer blitzblauen Augen) und eine legere Leinenhose in Beige. An ihren Ohren sind ausgefallene moderne Ohrclips aus Silber, ihre Ringe sind bicolor gelbgold/weißgold.

Liselotte ist in einer Region Österreichs geboren und aufgewachsen, in der Tracht eine sehr wichtige Rolle spielt. Als sie ein Kind war, gab es nur Tracht, es gab Alltagstracht und Festtracht, aber eben nur Tracht. Sie fand jede Tracht schön. Damals war ihr nicht bewusst, dass es eine schönere und weniger schöne Tracht gibt.

Ich habe damals keine Unterschiede gesehen, obwohl ich schon gewusst habe: Die, die mehr Geld haben, tragen schönere Trachten, als meine Familie sich leisten konnte, aber es hat mich nicht gestört.

Diese neidlose Betrachtungsweise hat sich Liselotte beibehalten, auch als sie in eine höhere Schule nach Salzburg wechselte. Hier bemerkte sie dann sehr wohl, dass manche Mädchen schöneres Gewand hatten als sie:

Aber es hat mich damals nicht gestört und auch heute nicht.

Anfangs war es schwierig für Liselotte, sich in der Bekleidungswelt außerhalb der Tracht zurechtzufinden. Ihre Mutter hatte auch keine Erfahrung darin und ließ Liselotte selbst ihren Modeweg finden. Dieser Weg führte bald zu einem Burberry-Mantel, da war aber das gesamte Geld auf einmal weg!

Diesen Mantel wollte ich unbedingt, aber ich habe gespürt, da würde es noch was dazu brauchen. Ich habe mir Geld von einer Schulkollegin, deren Eltern vermögend waren, ausgeborgt und mir einen Rock und Pullover zum Mantel dazu gekauft. Es war ein tolles Gefühl.

Für Liselotte war das Thema Mode nie ein Riesenthema, aber das Thema hat sich für sie im Laufe ihres Lebens geändert, es ist klarer geworden:

Ich weiß: Das und das und das. Klar kaufe ich lieber Teureres, wie einen schönen Cashmere-Pullover oder Seidentücher, als dass ich fünf billige Pullis und Viskoseschals kaufe. Es ist aber nicht so, dass nur teuer gut ist. Ich schaue immer, wenn ich unterwegs bin in der Stadt, ob es etwas gibt für mich. Schauen tue ich schon immer.

Auch Liselottes Statement zur Kleidung, die sie heutzutage trägt, ist sehr klar: *Ich habe nur Kleidung, in der ich mich wohlfühle.* Anderes gibt sie weg, sie verschenkt gerne gute Kleidung, um anderen Freude zu machen. Jetzt in der Pension ist sie viel auf dem Land in ihrem Geburtsort, sie verbringt mittlerweile die Hälfte des Jahres wieder dort, sie trägt aber kaum mehr Tracht. *Es ist mir zu unbequem, aber was ich schon feststelle, ist, dass ich mein ältestes Dirndl am öftesten und am liebsten trage!*

> ES IST MIR ZU UNBEQUEM, ABER WAS ICH SCHON FESTSTELLE, IST, DASS ICH MEIN ÄLTESTES DIRNDL AM ÖFTESTEN UND AM LIEBSTEN TRAGE!

BIOGRAPHISCHE GESPRÄCHE

Eleonore T., 72 J.

Ehemalige Sozialarbeiterin und Lehrende an einer Sozialakademie; lebt mit Partner in der Stadt und auf dem Land

Neulich habe ich eines meiner alten Sommerkleider wieder in den Händen gehabt und es sehr bewundert. So etwas Schönes!

ES IST ein sehr heißer Sommertag und Eleonore trägt ein korallenfarbiges Sommerkleid mit Stehkragen und Dreiviertel-Ärmeln, dazu an einer Goldkette ein Goldmedaillon mit Saphiren und Perlen-Ohrstecker. Die Haare sind flott geschnitten und silbergrau. Sie wirkt sehr sportlich und energisch, gleichzeitig in sich ruhend. Sie ist kaum geschminkt, trägt nur einen Lippenstift passend zum Kleid.

Ich hatte wohl Vorbilder, was Kleidung anbelangt, es waren Frauen in meiner Umgebung, die subtil sicher waren, wie sie sich kleideten.

Dazu gehörte meine Tante Ditti, eine Schwester meiner Mutter, und andere besser betuchte Cousinen. Meine Mutter selber kleidete sich sehr bescheiden.

Kleidung, laut Eleonore, war in der Familie kein Thema. Sie trugen viel Tracht, da die Familie in der Steiermark wohnte, und ihre Mutter bemühte sich liebevoll, die fünf Kinder chic anzuziehen. Mit ihrem jüngsten Kind Eleonore hat die Mutter die Schnitte und Stoffe ausgesucht und alles selbst genäht.

Neulich habe ich eines meiner alten Sommerkleider wieder in den

Händen gehabt und es sehr bewundert. So etwas Schönes!

Relativ bald hat Eleonore selbst verdient und es enorm genossen, sich Kleidung zu kaufen, da lebte sie in München; sie war aber immer sehr sparsam. Ihre beiden Töchter haben sicher das 20-Fache von ihr an Kleidung, meint sie. Mit ihren Töchtern wurde Kleidung tatsächlich zu einem großen Thema. Und dieses Thema bringt uns in unserem Gespräch zu einem sehr traurigen Wendepunkt in Eleonores Leben.

Besonders mit meiner verstorbenen Tochter war es ein ganz wichtiges Thema. Es war so schön, mit ihr einkaufen zu gehen, wir sind auch oft in Second Hand- und Vintage-Läden gegangen, sie hatte phantastischen Geschmack und hat mich immer sehr unterstützt und animiert, etwas Schönes für mich zu kaufen: ‚Mami, das kaufst du dir dann', hat sie gesagt.

> WAS WÜRDE MAGDALENA DAZU SAGEN? WÜRDE ES IHR FÜR MICH GEFALLEN?

Das habe ich auch oft gemacht. Ich gehe heute ganz selten einkaufen, es macht mir durch den traurigen Verlust meiner Tochter nicht mehr Freude, aber wenn ich geh und es springt mir etwas ins Auge, dann kaufe ich. Eleonore ist einige Momente tief in ihre eigenen Gedanken versunken und fügt noch hinzu, dass sie sich beim Kaufen von Kleidung immer dabei ertappt, sich zu fragen: *Was würde Magdalena dazu sagen? Würde es ihr für mich gefallen? Würde sie wollen, dass ich es mir kaufe?*

Wir führen unser Interview fort und sie erzählt, dass für sie „gut gekleidet" bedeutet, dem Anlass entsprechend angezogen zu sein. Sie hat wenige teure Sachen, wichtiger ist ihr, dass die Farben harmonieren.

Ich träume noch immer von einem schönen Kostüm! Ich mag schöne, gut geschnittene Jacken, und dann die einfach kombinieren. Ich habe eine starke Vorliebe für

Paisley-Muster. Und ich bin schon lange ganz verrückt nach der Kombination Grün und Blau, damals, als ich begonnen habe, diese Farbkombination zu tragen, war ich damit eine Einzelgängerin, heute ist das ganz normal. Mittlerweile liebe ich Herbstfarben, dies hat vermutlich viel mit dem Alter zu tun.

Dadurch, dass Eleonore viele gesellschaftliche Einladungen bekommt, weiß sie aus eigener Erfahrung, dass es kleidungsmäßig nichts Schrecklicheres gibt, als „underdressed" oder „overdressed" zu sein.

Diese Erlebnisse vergisst man nie! Ich bin in meinem Leben zwei Mal umgedreht, nach Hause gegangen und habe mich für den Anlass nochmals umgezogen!

Fest steht für mich, dass Eleonore für unseren Interview-Anlass perfekt angezogen ist.

MITTLERWEILE liebe ich Herbstfarben, dies hat vermutlich viel mit dem Alter zu tun.

Sonia R., 72 J.

Fremdsprachenkorrespondentin; lebt mit Partner auf dem Land

Mode war absolut kein Thema in meiner Familie.

DIE groß gewachsene, schlanke Dame trägt beim Interview eine dunkelgrüne elegante Wickeljacke mit einem Seidentuch in Orange- und Grüntönen, dazu eine schmale schwarze Hose. Sie hat die Haare lockig und schulterlang, in den Ohren und an den Fingern dezenten Goldschmuck und sie ist leicht geschminkt.

Sonias Bewegungen und Mimik sind die einer noch jungen Frau und es ist interessant zu erfahren, dass Sonia mit 72 Jahren noch eine „Tochter" ist, ihre Mutter ist 100 Jahre alt und hat sich auch bereit erklärt, ein Interview zu geben.

Mode war absolut kein Thema in meiner Familie. Meine Mutter hat eher geachtet, dass ich nicht modisch angezogen bin, ich weiß nicht genau, was sie befürchtet hat, ich musste dann Twinsets tragen, ich verabscheute dies, heute mag ich sie aber gerne! Das war in den 60er-Jahren, da gab es in Österreich noch kaum Teenagermode, nicht wie in England oder den USA.

Sonia hatte aber ihre geheimen Vorbilder wie Conny Froboess, sie mochte ihre schwingenden Röcke, die Blüschen und die weißen Sandalen mit kleinen Absätzen. Ich kann mir meine heutige Interviewpartnerin lebhaft in dieser Mode vorstellen!

Sonia erzählt weiter, beispielsweise waren Hosen in ihrem Gymnasium für Mädchen absolut ver-

BIOGRAPHISCHE GESPRÄCHE 143

boten. Im Winter, wenn es wirklich eisig kalt war, wurde eine Ausnahme gemacht, aber dann mussten sie ihre Röcke über den Hosen tragen! In Sonias Familie mit ihrem Ehepartner, drei Kindern und vier Enkelkindern hat Mode doch einen ziemlich hohen Stellenwert. Ihre eine Tochter mag Shopping und neues modisches Gewand, die zweite legt kaum Wert darauf und der Sohn, der Schauspieler ist, ist sehr modebewusst.

Er schaut in dieser Hinsicht auch sehr auf mich und jüngst zu meinem 72. Geburtstag hat er mir ein wunderbares Seidentuch von Hermès geschenkt. Sein Freund und er haben es gemeinsam ausgesucht. Er hat gemeint, er ist überzeugt, dass es mir sehr gut stehen wird, er freut sich, wenn ich fesch und modisch angezogen bin. Sie haben das Tuch in verschiedenen Arten gebunden, Fotos davon gemacht und mir dann als Anleitung geschickt! Bei Hermès gibt es sogar ein kleines Büchlein, wie die Tücher zu tragen sind.

Auch Sonias Ehemann hat klare Vorstellungen davon, was seiner aparten Frau gut stehen könnte, er malt leidenschaftlich gerne und hat daher ein geschultes Auge für Formen und Farben:

Manchmal sieht er spontan etwas, wovon er überzeugt ist, dass es mir passen würde, und entweder er kauft es für mich oder wir gehen es dann gemeinsam besichtigen und probieren.

BEI HERMÈS GIBT ES SOGAR EIN KLEINES BÜCHLEIN, WIE DIE TÜCHER ZU TRAGEN SIND.

Wenn Sonia etwas für sich entdeckt, das ihr sehr gefällt, ihm aber gar nicht, kauft sie es eher nicht, allerdings befolgt sie seinen Rat nicht immer. Kleidung, in der sie sich hübsch fühlt, hebt Sonias Selbstbewusstsein, es sei denn, es zwickt irgendwo und ist unangenehm.

Das ist bei mir leider so mit Sachen, die hochgeschlossen sind, da habe ich eine leise Hysterie! Ich fühle mich eingeschnürt. Dabei würde ich so gerne hochgeschlossene Sachen tragen, denn mein Gesicht ist glatter als mein Hals! So helfe ich mir eben mit Tüchern und Schals. Wir gehen ein wenig „spazieren" in Sonias neuem begehbarem Schrankraum. Wunderbare Kleidungsstücke hängen hier, da lacht Sonia und gesteht:

Dann habe ich noch so ein Spleen mit meiner Kleidung, ich will immer die ‚guten Sachen' schonen! Mein Sohn sagt mir immer, trag doch die Sachen, niemand hat was davon, wenn sie im Schrank hängen, bis sie unmodern werden, trage sie!!!

Für das heutige Interview hat Sonia erstmals ihr Hermès-Seidentuch ausgeführt.

DANN habe ich noch so ein Spleen mit meiner Kleidung, ich will immer die ‚guten Sachen' schonen!

Dagmar Y., 70 J.

Ehemalige kaufmännische Angestellte

Mami hat die Sachen privat für mich zu Hause genäht.

DIE heutige Interviewpartnerin trägt beim Interview einen flauschigen grauen Wollpullover zu grauen Hosen. Sie trägt Steinschmuck in Lila-/Grüntönen (Anhänger/Kette, Armband und Ohrstecker). Die Haare sind kurz geschnitten und gemescht.

Unser Gespräch beginnt vom Thema her gleich mit Frau Dagmars Mutter, die als Vorbild nach wie vor sehr präsent im Leben ihrer Tochter ist.

Meine Mutter war selber sehr gut gekleidet. Als Kind wusste sie schon, dass sie nicht wie ihre Mutter ausschauen wollte, die war nämlich sehr schlecht gekleidet und deswegen hat meine Mutter die Schneiderei erlernt, denn sie kam aus einer sehr armen Familie und dort konnte man sich nichts Schönes zum Anziehen leisten. Ihre Mutter hat sie aber nicht negativ in der Berufswahl beeinflusst, sondern die Wahl auch begrüßt.

Dagmars Mutter ist also Schneiderin geworden und hat ihre Tochter immer eingekleidet, sogar das Hochzeitskleid hat sie ihr genäht. Dagmar sagt, sie habe *angeschafft* und *Mami hat die Sachen privat für mich zu Hause genäht.* Man habe gemerkt, dass Dagmars Mutter diese Arbeit geliebt hat. Das war auch eine wichtige Vorbildfunktion für Dagmar, denn auch sie hat ihre Arbeit im Verkauf sehr gerne gemacht. Manchmal hat sie noch Gelegenheit, ihre Verkaufstalente auszuüben, sie geht sehr gerne auf Flohmärkte, aber dann eher als Verkäuferin. *Ich bin wirklich ein Verkaufsphänomen. Ich kann mich komplett auf Ware und Kunden einstellen. Das habe ich sehr gerne gemacht und mache ich heute noch gerne.*

Ich bin neugierig und frage Dagmar nach so manchen „Verkaufstricks", denn ich habe das Gefühl, dass ich manchmal beim Kaufen von Kleidungsstücken doch sehr geködert werde. Dagmar schmunzelt, als sie mich ansieht: *Na ja, eine Regel beim Verkauf ist, sich nie in Konkurrenz zum Kunden zu stellen oder gar in überlegener Position.* Ich frage nach einem Beispiel und Dagmar antwortet: *Man muss sehr aufpassen auf die Kleidung, die man selber als Verkäuferin trägt, nie darf man zu dominant erscheinen wie beispielsweise in der Farbe Rot.* Jetzt verstehe ich, warum Dagmar schmunzelt, ich trage als Interviewerin einen roten Cashmere-Cardigan! Also ein „No go" verkaufstechnisch und vermutlich auch interview-technisch! Beide lachen wir über diese pikante Situation, ich habe viel daraus gelernt. Danke, Dagmar.

Für Dagmar bedeutet gut gekleidet zu sein, dass *alles zusammenpasst. Ich glaube zu wissen, was zusammenpasst, das habe ich von meiner Mutter mitbekommen, eine Schneiderin weiß das einfach. Es muss die Kleidung nicht teuer sein, es kann auch ruhig getragen sein, also Second Hand-Ware sein. In verschiedenen Lebensphasen kauft man verschiedentlich ein. Das Kleidungsstück muss mir passen und stehen, ich habe keine ‚Stangen-Figur' und tue mir oft schwer, Sachen von der Stange zu kaufen. Ich weiß, was mir passt und was ich mag.*

ICH GLAUBE zu wissen, was zusammenpasst, das habe ich von meiner Mutter mitbekommen, eine Schneiderin weiß das einfach.

BIOGRAPHISCHE GESPRÄCHE

Lara V., 70 J.

Ehemalige Geschäftsinhaberin (Papier- und Schreibwarenhandel)

Ich habe mir jedes Jahr ein neues Sommerdirndl und ein neues Winterdirndl gekauft.

NACH einem längeren Waldspaziergang erscheint Lara zum Interview bekleidet mit einer Wollhose, einem Pullover in Fuchsia-Farbe und einem lindgrünen Gilet. Sie ist dezent geschminkt, trägt gediegenen Schmuck und ihre vollen schulterlangen Haare sind trotz Waldspaziergang erstaunlich gut frisiert.

Lara erzählt, dass sie sich schon immer gerne mit Mode beschäftigt hat. Bereits in der Volksschule hat sie sich einen eigenen Bikini genäht. Sie hat sogar überlegt, die Hetzendorfer Modeschule zu besuchen, ihre Eltern hätten ihr das freigestellt, sie haben keinen Druck ausgeübt, dass Lara in das Familiengeschäft einsteigt, sie hat es selber gewollt. Sie hat dann nach ihren Eltern viele Jahre bis zu ihrer Pensionierung das Geschäft weitergeführt. Sie erzählt, dass es ein sehr schönes Geschäft mit guter Ware war.

Ein direktes Vorbild hatte ich nicht, ich war halt immer sehr eigenständig kreativ und habe aber immer selber gerne genäht. Meine Mutti hat auch immer genäht, auch aus finanziellen Gründen, sie hat mir gezeigt, wie das geht, und ich habe dann später für meine beiden Töchter genäht.

Bei Lara war Mode und Bekleidung wirklich ein Thema in der Familie und ist es auch heute noch. Sie hat zwei Schwestern und sie haben sich alle gegenseitig angeregt. Das aktuell Modische haben sie miteinander besprochen und immer schon untereinander getauscht, das tun sie heute auch noch!

JETZT haben wir circa einmal pro Jahr einen Kleidertausch innerhalb der Familie und Freundinnen.

[...] jetzt haben wir circa einmal pro Jahr einen Kleidertausch innerhalb der Familie und Freundinnen. Dies findet abwechselnd im Hause meiner Schwestern oder bei mir statt. Da reiten wir mit riesengroßen Taschen ein, es wird gegessen, Sekt getrunken und da steht dann ein großer Standspiegel und die ‚neue Kleidung' wird gegenseitig vorgeführt. Wir animieren uns gegenseitig zum Kaufen. Für jedes Stück werden 2 Euro in eine Kassa gespendet, das wird dann für einen guten Zweck verwendet. Dieses Event ist nur Frauensache (nicht einmal unser einziger Bruder darf dabei sein). Es ist ein fixer Bestandteil in unserer Familie. Was an Kleidung übrigbleibt, wird zur Caritas gebracht.

Was bei Lara nie zur Caritas gebracht wird, sind ihre Dirndln! Diese trug sie früher liebend gerne, auch in ihrem Geschäft.

Früher habe ich mich ‚befriedigt' mit schönen Sachen, so ein schönes Dirndl beispielsweise. Ich habe aber alle Dirndln aufgehoben, habe keine weggegeben, sie nehmen mir viel Platz ein, ich habe circa 30 Stück, auch ganz schöne, feine Festtagstrachten. Ich habe mir jedes Jahr ein neues Sommerdirndl und ein neues Winterdirndl gekauft.

Von sich meint Lara, dass sie sehr sportlich ist, Dirndln trägt sie im Moment kaum mehr. Es ist ihr wichtig, dass ihre Kleidung etwas Besonderes hat, nicht 0815, sogar im Garten versucht sie etwas Flottes anzuziehen. Das heißt gar nicht, dass die Kleidung teuer sein soll, halt keine Fetzen, sie soll was Kreatives, Pfiffiges haben. Farben sind Lara ganz wichtig:

Sie machen mich leuchtender, auch nach innen.

Lara hat ein gutes Auge und einen jungen Geist. Neulich hat sie an einer alten Tante beim Kleidertausch gesehen, wie toll es sein kann, wenn eine Frau, die sonst eher konservativ gekleidet ist, etwas Peppiges anzieht. Lara findet es besonders gut, wenn ältere Frauen so coole Sachen tragen.

Das strebe ich an, da gehört ein Blick dafür, finde ich ‚cool'. Es baut mich einfach auf, wenn ich etwas Schickes gefunden habe. Es nimmt mit der Zeit ab, aber ist immer noch ein Thema.

Katja Z., 69 J.

Ehemalige Sekretärin; lebt mit Partner

Ich habe mich wirklich gerne ‚herausgeputzt'.

EIN Wiener Kaffeehaus stellt sich als richtiger Rahmen für dieses Interview mit Katja heraus. Die zierliche, dunkelhaarige Frau erscheint in einem grauen Pelzmantel (außen Wildleder, Innenpelz mit großem Kragen), schwarzer Hose und schwarzer Jacke mit Tuch in Leopardenmuster. Sie trägt Diamant- und weißgoldenen Schmuck und einen großen grauen Hut, den sie auch während des Interviews anbehält.

Katja ist „stilsicher", das kann ich schnell erkennen. Sie erzählt, wie sie sich diesen eigenen Stil erkämpfen musste:

> Mein Onkel Fritz hatte in der Glockengasse nahe der Taborstraße ein Damenmodengeschäft. Ab dem Zeitpunkt, als ich in die Pubertät kam, hieß es immer, wenn ich etwas zum Anziehen brauchte, ‚wir gehen zu Onkel Fritz', dort bekam ich dann immer etwas Altmodisches oder eine Tracht verpasst und hatte absolut keine Freude. Als ich dann älter wurde, habe ich mich dagegen gewehrt und habe meinen eigenen Stil erkämpft.

Bald stand Katja auf eigenen Beinen und ab dem Zeitpunkt, als sie ihr eigenes Geld verdiente, konnte sie kaufen, was sie wirklich wollte. Besonders liebte sie die Boutique „Annabel" in der Innenstadt. Lustigerweise (und nützlicherweise) hat ihre Schwiegertochter mehrere schöne Boutiquen in der Innenstadt. Katja kauft gerne dort ein, besteht aber darauf, die Ware zu bezahlen, sie bekommt den Einkaufspreis. Damit hat sie eine Freude und ihre Schwiegertochter, die gerne schöne Sachen für sie aussucht, auch.

Viele Jahre hat Katja mit ihrem Mann leidenschaftlich gerne Turniere getanzt. Sie tanzten die Standarddisziplin.

> Ich habe das so am Turniertanzen geliebt, die schönen Kleider, das Herrichten. Das Tanzen hat den Rahmen dafür geboten. Ich habe mich wirklich gerne ‚herausgeputzt'.

Katja hat einen Blick dafür, was ihr passt. Sie kauft spontan, wenn sie etwas sieht, wovon sie überzeugt ist. Es kann durchaus auch einmal etwas Günstiges sein. Für sie ist es entsetzlich, wenn Kleidungs-

> ICH HABE DAS SO AM TURNIERTANZEN GELIEBT, DIE SCHÖNEN KLEIDER, DAS HERRICHTEN.

stücke nicht zusammenpassen. Sie fragt sich beim Kombinieren immer, *geht es oder geht es nicht?* Am liebsten trägt Katja Schwarz, manchmal wird sie gefragt, ob jemand gestorben sei.

Neulich, erzählt sie, hat sie jemand auf der Straße auf ihren besonderen Stil angesprochen (Da war sie natürlich auch in Schwarz gekleidet.). Sie will nicht aufdringlich gekleidet sein, aber besonders. Darum hat sie den Tanzsport so geliebt. Gewand soll für sie Niveau haben. Eine Zeitlang haben sie und ihr Mann gerne Kreuzfahrten unternommen, aber die haben leider an Niveau verloren, jetzt sitzen Leute beim Abendessen in T-Shirts, sinniert sie.

Katja weiß, wie es ihr gefällt, und genießt ihr Leben und die Gelegenheiten, die sich noch bieten, um sich „herauszuputzen".
Es hat Spaß gemacht, sich schön anzuziehen, das macht es noch immer, jetzt ist es aber natürlich etwas begrenzt. Ich hatte eine Zeit, da wäre ich NIE ohne Schminke weggegangen. Jetzt schminke ich mich viel weniger. Aber das Herrichten tue ich sehr gerne, noch immer.

> *ES HAT Spaß gemacht, sich schön anzuziehen, das macht es noch immer, jetzt ist es aber natürlich etwas begrenzt. Ich hatte eine Zeit, da wäre ich NIE ohne Schminke weggegangen. Jetzt schminke ich mich viel weniger. Aber das Herrichten tue ich sehr gerne, noch immer.*

Heidi K., 68 J.

Immobilienmaklerin; lebt mit Partner

Ich war lange Zeit ein eingefleischter Chanel-Fan.

DIE jugendlich wirkende Frau öffnet mir die Tür zu ihrer Stadtwohnung in einer auffallenden Leopardenprint-Bluse und schwarzen Leggings. Sie trägt eine große Armbanduhr und ein Lederarmband. Die langen blonden Haare sind offen und sie ist dezent geschminkt.

Bei einem guten Kaffee erzählt sie eingangs, dass sie es sehr genießt, heute „leger" zu Hause zu sein, denn sie hat keine Besichtigungen an diesem Tag, ansonsten muss sie eher doch immer sehr elegant angezogen sein. Heidi kennt sich sehr gut in der Welt der Mode aus:
Ich war lange Zeit ein eingefleischter Chanel-Fan, und dann, als Tom Ford Chefdesigner bei Gucci wurde, war ich auch Fan dieser Marke. Ich habe heute noch viele Stücke aus dieser Zeit, es hätte mir sehr leidgetan, sie wegzugeben, ich werde sie behalten. Ich bin eine sehr gute Ausräumerin und keine Sammlerin, aber diese Stücke gebe ich nicht weg. Ich bin schon relativ jung zu besonderen Marken gekommen, damals bin ich in Second Hand-Boutiquen gegangen, ich hätte mir das sonst nicht leisten können und ich habe oft Schnäppchen bekommen.

Sie erzählt von einer Erfahrung und einem Kleidungsstück, das ihr immer noch sehr viel bedeutet: Sie war jung und in München mit einer Freundin zum Shoppen. Damals haben die beiden einen schmalen Schlangenleder-Gürtel erspäht, er hat über 100 Mark gekostet, ein Vermögen! Sie haben sich mindestens 5-mal überlegt, ob sie sich den Gürtel leisten sollen, und sagten sich nein, aber dann haben sie doch beide einen dieser wunderschönen Gürtel erstanden.

Es war so eine Überwindung, so viel Geld dafür auszugeben, aber ich habe sehr lange an dem gehangen und habe ihn noch immer, diesen kleinen Gürtel.

Heidi hat ein Gefühl für Qualität, Stil und Farben. Sie meint, wenn man das hat, ist man immer gut gekleidet; davon ist sie überzeugt.

[…] Ich kauf aber lang nicht mehr so teuer wie früher, ich bin inzwischen ein Fan von Zara, zu den teuren Marken gehe ich gar nicht mehr.

Sie legt sehr viel Wert auf gute Schuhe, da sieht man ihrer Meinung nach den Stil einer Person am besten. Wer schlechte Schuhe trägt, will nur nach außen angeben und ist eigentlich vom Stil her lediglich eine Imitation. Handwerk und Ausführung sind wichtig. Pro Saison „mistet" Heidi aus und bringt ihre Sachen zu einer der beiden guten Second Hand-Boutiquen in der Wiener Innenstadt, dazu meint sie, dass es sehr befreiend ist zu wissen, dass sie diese Sachen nicht mehr anziehen wird.

Heidi führt mich in ihren begehbaren Schrankraum. Dieser ist minimalistisch: wenige Stücke, farblich reduziert, getreu dem Motto „weniger ist mehr" oder „Reduce to the max".

So wie ihre Garderobe eine klare Sprache spricht, so auch Heidi:

Ich freue mich, wenn ich bewundert werde, wenn man mir Komplimente macht, dann weiß ich, dass ich gut investiert habe! Ich bin keine Frustkäuferin, ich brauch das nicht. Für mich ist Kleidung eine schöne Sache, aber ich bin stimmungsmäßig nicht davon abhängig.

> ICH BIN KEINE FRUSTKÄUFERIN. ICH BRAUCH DAS NICHT.

Birgit E., 67 J.

Frühere Sekretärin; lebt alleine auf dem Land

Die ganzen Burdahefte lagen bei uns herum.

WIR sitzen in einem sonnigen Garten, Birgit trägt ein graues ärmelloses Oberteil zu einer leichten schwarzen Hose mit Sandalen. In den Ohren hat sie Perlenohrringe, ihr schulterlanges weißes Haar trägt sie ganz offen und ist dezent geschminkt.

DIE NÄHMASCHINE WAR STÄNDIG IN BETRIEB.

Birgit beginnt zu erzählen von frühen Erinnerungen an Kleidung und diese Gedanken führen uns gleich in ihre Kindheit zurück. Sie wuchs mit ihren beiden Schwestern in einem SOS-Kinderdorf auf, da ihre leibliche Mutter auch Kinderdorfmutter war. Es ist eine ganz besondere Geschichte, denn Birgits Mutter war ursprünglich Schneiderin im Kinderdorf, dann starb ihr Ehemann ganz plötzlich. Sie stand alleine da mit drei kleinen Töchtern, wurde dann schließlich selbst Kinderdorfmutter und bekam noch etliche Kinder dazu! Die drei Mädchen hatten also eine besondere Stellung, eine auch nicht immer ganz einfache.

Mutti hat für alle Kinder in unserem Haus genäht, natürlich die Buben waren nicht so daran interessiert, aber wir Mädchen waren begeistert. Wir waren alle so gut gekleidet, ich erinnere mich noch, da war eine Familie im Ort und die haben sogar beim Direktor des Kinderdorfes nachgefragt, wie gibt es das, dass Kinderdorfkinder so gut gekleidet sind.

Mode und Kleider waren sehr präsent bei Birgit in der großen Kinderdorffamilie. Für gewisse Anlässe, Ostern, Fronleichnam, usw., wurde immer etwas Besonderes genäht. Die Mädchen haben dann immer mit der Mutter um den Rocksaum gestritten, sie wollten diesen Saum immer kürzer haben.

Die ganzen Burdahefte lagen bei uns herum und sind irgendwie uns in Fleisch und Blut übergegangen. Die Nähmaschine war ständig in Betrieb.

Auch jetzt ist bei Birgit die Nähmaschine viel in Betrieb. Sie und ihre Enkeltochter machen gemeinsam sehr gerne neue peppige Kleidung aus alten Sachen, „Up-Cycling" nennt man das. Birgits Auge ist noch aus der Kindheit sehr gut für Kleidungsfragen geschult. Sie hatte immer schon präzise Vorstellungen, was sie will:

Ich kann mich an ein ganz besonderes Paar Schuhe erinnern. Wir waren bei einer Tante in München und gingen in die Innenstadt. Dort habe ich in einem Schuhgeschäft ein Paar entdeckt, ganz weiches Leder, schwarz, hinten offen, also Sling

ICH KANN *mich an ein ganz besonderes Paar Schuhe erinnern. Wir waren bei einer Tante in München und gingen in die Innenstadt. Dort habe ich in einem Schuhgeschäft ein Paar entdeckt, ganz weiches Leder, schwarz, hinten offen, also Sling back, und vorne eine Ripsband-Masche.*

back, und vorne eine Ripsband-Masche. Sie hatten Kitty Heels, wie sie auch Audrey Hepburn getragen hat. Meine Größe war nicht vorhanden, da habe ich gesagt, ich will die und keine anderen. Sie wurden dann für mich nachbestellt und mein Onkel hat sie mir nachgeschickt. Meine Tante war sehr beeindruckt von mir, dass ich so einen genauen Geschmack hatte und warten konnte!

Ausgestattet mit diesem präzisen Geschmack hat Birgit einen großen Grundstock an Kleidung. Sie hat zwar jetzt kaum Anlässe, um die ganz schönen Kleider zu tragen, aber es ist fein, sie zu haben. Und wenn dann ein Anlass kommt, hat sie immer etwas Passendes. Sie hat nicht vor, in nächster Zeit neue Sachen zu kaufen, nein, eher Kleidung mit ihrer Enkelin kreativ umzuwandeln, das macht beiden großen Spaß. Birgit beobachtet die Modeszene und merkt unter anderem, dass immer mehr Frauen aufhören, ihre Haare zu färben.

Ich finde, auf das wird in Modejournalen viel zu wenig eingegangen. Auch Schminktipps im Alter werden kaum gegeben, das wäre doch interessant und sehr nützlich.

Beate B., 66 J.

Ehemalige Kellnerin; Pflege- und Betreuungszentrum, ländliche Gegend

Ich wollte immer schön aussehen, immer auffallen.

DIESE Dame kam mir im Pflegeheim im Rollstuhl entgegen und beeindruckte mit ihrem enormen Lebenswillen und erstaunlicher Fröhlichkeit. Sie sieht strahlend aus in einer hellen Bluse mit Blumendruck und einer pfiffigen Caprihose. Sie trägt Halsschmuck, passende goldene Ohrringe und ein Fußketterl, leicht ersichtlich in Sommersandalen, Finger und Fußnägel sind aufwendig mit Muster lackiert.

Sogleich erzählte sie, dass sie oft und gerne bei den demenzkranken MitbewohnerInnen des Hauses sitzt und hilft, so gut sie kann. Man schätze ihre Mitarbeit besonders bei der Unterhaltung und der Kommunikation. Sie meint, ihre Fröhlichkeit sei ansteckend und helfe auch den anderen.

Ich habe eine Netzhautablösung, ich kann mich gar nicht im Spiegel sehen, aber ich kann mir alles genau vorstellen vor meinem inneren Auge. Ich weiß genau, was ich anziehen will und wie es aussieht, und genieße es dann, wenn die Leute ‚wow‘ sagen. Jeden Abend überlege ich, was ich am nächsten Tag anziehen möchte, und die jeweilige Pflegerin richtet es mir her. Meinen Schmuck verwaltet sozusagen meine beste Freundin, auch die richtet mir die Stücke jeden Tag aufs Neue.

Frau Beate hat ein aufregendes Modeleben geführt:

In meinen jungen Jahren habe ich alles gehabt und alles getragen: Mini, Midi, Maxi. Ich habe die Sachen sehr gewagt kombiniert, zum Beispiel gerne Hotpants getragen und dann ein Rockerl darüber. Am allerliebsten habe ich Sachen aus Rauhleder gehabt.

Ich wollte immer schön aussehen, immer auffallen. Ich wollte, dass die Leute sagen, ‚da schau her‘, ich wollte ausgefallene Sachen tragen und das habe ich gemacht. Ich wollte chic sein. Das wollte ich alles für mich persönlich, aber wenn es nach außen auch gewirkt hat, dann war es optimal. Aber für mich persönlich war immer das Wichtigere. Auch jetzt, es geht nur um mich!

> IN MEINEN JUNGEN JAHREN HABE ICH ALLES GEHABT UND ALLES GETRAGEN: MINI, MIDI, MAXI.

Diese Frau hat in den letzten Jahren etliche schwere Schicksalsschläge einstecken müssen. Sie hat offensichtlich nicht resigniert, sondern hat sich zu einer gänzlich anderen Lebenseinstellung durchgerungen:

> **ICH WOLLTE,** dass die Leute sagen, ‚da schau her', ich wollte ausgefallene Sachen tragen und das habe ich gemacht. Ich wollte chic sein. Das wollte ich alles für mich persönlich.

Ich musste meine Einstellung zum Leben komplett ändern: Ich hatte einen Herzinfarkt und dann einen Schlaganfall innerhalb eines Jahres, mein Mann ist jetzt mit meiner Schwägerin zusammen, wir waren 38 Jahre verheiratet. Ich habe nach diesen Schicksalsschlägen dann viel Zeit gehabt zum Nachdenken. Schön langsam wird es wieder und ich werde wieder die Alte, halt mit ganz anderer Grundeinstellung.

Beate bezeichnet sich als „eitel" und sei das immer schon gewesen, auch heute noch, obwohl sie sich selber nicht sehen kann. Es gehe ihr um ihr Selbstwertgefühl. Derzeit ist sie in ihrer Lebenssituation vollkommen von anderen abhängig, vermutlich wird sie nie wieder gehen können und auf den Rollstuhl angewiesen bleiben. Da sei es ihr sehr wichtig, ein gutes Selbstwertgefühl und Selbstbewusstsein zu haben.

Obwohl sich so viele Sachen in meinem Leben so geändert haben, der Stellenwert von Mode während meines Lebens hat sich nicht geändert! Ich sehe halt sehr anders aus, ich wog nach meinen Krankheiten nur 43 Kilo. Jetzt habe ich wieder einige Kilo ‚aufpäppeln' müssen, mit Chips und Cola, ansonsten ‚siehst du bald die Kartoffeln von unten an', hat meine beste Freundin mir angedroht.

Desirée A., 66 J.

Sozialwissenschaftlerin; lebt mit Partner

Am Wochenende tobte ich mich mit verrückten Outfits aus.

ZU IHREM Interview trägt Desirée ein elegantes grünes Kleid, hochgeschlossen mit Schleifengürtel, dazu passende grüne Schuhe und eine terracottafarbene Strumpfhose. Die (noch) rotblonden Haare trägt sie hochgesteckt mit Stirnfransen, etliche Haarsträhnen suchen aber die Freiheit. Sie hat eine quadratische Goldbrosche angelegt und trägt Brillant-Ohrringe und zwei goldene Ringe. Sie ist leicht geschminkt, der Lippenstift, auch in einem Terracottaton, ist allerdings stark. Aus ihren jüngeren Jahren weiß sie Lustiges zu berichten:

Da ich bis zu meinem 19. Lebensjahr in England lebte, war mein Kleidungsbewusstsein und Geschmack als Kind und Jugendliche sehr stark von der Schuluniform beherrscht. Kaum hatte ich die Freiheit, mich an Wochenenden und in den Ferien zu kleiden ohne das dunkelblaue Joch von Rock, Sakko, Hemd und Krawatte, tobte ich mich mit verrückten Outfits aus. Einige davon waren für das Gruselkabinett am besten geeignet, an ein ‚absolute favourite' erinnere ich mich mit Schaudern: ein bodenlanges Samtcape aus verblichenem purpurrotem Velourssamt zu giftgrünen Plateau-Kinkiboots.

Inzwischen, meint sie, sei sie etwas gezähmt und hat etliche verschiedene Modephasen durchlebt. Am Beginn ihrer Karriere in der internationalen Sozialarbeit war sie viel beruflich unterwegs und liebte elegante Kleidung. Sie kaufte sich

DA ICH bis zu meinem 19. Lebensjahr in England lebte, war mein Kleidungsbewusstsein und Geschmack als Kind und Jugendliche sehr stark von der Schuluniform beherrscht.

immer ein besonderes Stück in den Ländern, die sie beruflich besuchte, so wie die wunderschöne Seidenjacke in Hongkong. Sie liebte sie und trug sie überall, aber sie stand ihr nicht. Erst als sie einmal im Supermarkt hier einer Asiatin in einem Steirerkostüm begegnete und sie sich beide sehr amüsiert betrachteten, konnte sie sich eingestehen, dass dieses Kleidungsstück vielleicht nicht so der Hit war, und schenkte das Jäckchen einer Freundin, der es wirklich gut passte. Als junge Mutter habe sie sich dann kaum erlaubt, sich in Kleidergeschäften umzuschauen, es war einfacher, nicht hinzusehen, alles wäre angepatzt worden oder hätte nach saurer Milch geduftet. Ihre Mutter nähte für sie und ihre beiden Töchter schöne Baumwollkleider aus Laura Ashley-Stoffen und sie trugen süße Trio-Looks.

Später erlebte sie verschiedene Modewelten:

In meiner langen Tätigkeit dann am Jugendamt in Niederösterreich kam ich in den nun obsoleten Genuss einer ‚Dienstbekleidungszulage' alle zwei bis vier Jahre für Haferlschuhe und Lodenmantel!! Die Modebühne für mich selbst betreten habe ich erst durch meine Lehrtätigkeit an Uni und Fachhochschule sowie als Direktorin einer großen sozialpädagogischen Einrichtung. Ich erinnere mich, als ich eines Tages in meinem Büro in der Kindereinrichtung Besuch von einem Kind bekam, das sehr kritisch bemerkte: ‚Frau Direktor, warum tragen Sie heute keine Ohrringe und

BIOGRAPHISCHE GESPRÄCHE

Kette?' Ich hatte tatsächlich an diesem Tag verschlafen und in der Eile vergessen, meine ‚Uniform' anzulegen. Ich merkte auch, dass an Tagen, wenn ich sehr erschöpft oder sehr besorgt war, es mir eine Hilfe bedeutete, gute Kleidung und schöne Accessoires zu nehmen, um mich aufzubauen, um diese verantwortungsvolle Funktion besser bekleiden zu können.

Desirée bereut es, einige besondere Kleidungsstücke nicht aufgehoben zu haben, besonders leid tut es ihr um eine lila Samtjacke, die ihre Großmutter immer am Weihnachtsabend trug. Daher hat sie sich, als sie selbst Großmutter wurde, eine schöne lila Jacke gekauft, und die wird sie für ihre Enkelin aufheben. Ihre Enkelin wird größer und sie wird kleiner, sie können jetzt schon gewisse Kleidungsstücke tauschen.

Ich freue mich schon auf eine Bibi Blocksberg-Weste, die mir meine Enkeltochter für nächstes Jahr in Aussicht gestellt hat!

> **ICH FREUE mich schon auf eine Bibi Blocksberg-Weste, die mir meine Enkeltochter für nächstes Jahr in Aussicht gestellt hat!**

Anna R., 63 J.

Juristin; erwachsener Sohn lebt vorübergehend wieder bei ihr

Meine väterliche Großmutter war eine sehr attraktive Person und hat mich sicherlich in meinem Umgang mit Kleidung geprägt.

ALS ich Anna in ihrer Stadtwohnung begegne, umgeben von Kleiderständern mit erlesenen schwarzen Kleidungsstücken und sie selbst fast zur Gänze in Schwarz gekleidet, muss ich an die legendäre Londoner Boutique „BIBA" denken. Anna empfängt mich zum Interview in einer schwarzen Lederhose mit extravagantem schwarzem Oberteil, dies hat sie an der Taille mit einem grauen Seidentuch gebunden. Sie trägt einen großen Brillantring und schlichte, dennoch auffallende schwarze Ohrringe aus Onyx. Die dunklen Haare sind zurückgebunden, sie ist kaum geschminkt, hat nur einen starken karmesin-farbenen Lippenstift aufgetragen. Anna ist sich ihres starken Auftrittes bewusst, gleich zu Beginn unseres Gesprächs erlaubt sie mir Einblicke, wo sie die Grundsteine für die Kunst der Inszenierung gelernt hat.

> ICH HABE SO VIEL KLEIDUNG.

Meine väterliche Großmutter war eine sehr attraktive Person und hat mich sicherlich in meinem Umgang mit Kleidung geprägt. Sie hat viel Wert auf eine gute Garde-

BIOGRAPHISCHE GESPRÄCHE

robe gelegt. Ihre Kleider haben mir nicht unbedingt gefallen, aber ich merkte, dass sie Stil hatte und dass dies für ein gesellschaftliches Leben wichtig ist. In ihrem Schlafzimmer hatte sie einen großen Kasten mit all ihren Kleidern und sie hat sich immer so gefreut, mir diese zu zeigen (ich war die Einzige, die sich dafür interessiert hat). Sie war eher rundlich, hatte aber viele Verehrer, dies würde vielleicht heute nicht so durchgehen, oder doch? […] Sie war eine Dame, eine Erscheinung, sie war groß und ‚mächtig', nicht nur rund, und hat dies durch ihre Garderobe unterstrichen.

Anna hat viel Zeit und Geld in den Aufbau ihrer Garderobe investiert, während ihres Studiums hat sie begonnen Geld zu sparen, hat bezahlte Praktika gemacht, bekam ein Stipendium und hat alles in die eigene Garderobe gesteckt. Mit 20 Jahren hatte sie

  eine ganz nette Garderobe beisammen, allerdings beim ersten Job hatte ich dann bereits ein Defizit von 25.000 Schilling, ich habe so viele Kleider gekauft! Ich habe früher aus Kompensierungsgründen viel Kleidung gekauft, damals und immer noch.

Sie erzählt sehr offen weiter, sie hat geheiratet, ihr Mann war von seinem Elternhaus her gewohnt, dass eine Frau eine Art Apanage

ICH WAR immer auf der Suche nach Anerkennung von meinen Eltern und von meinem Mann. Ich habe eine Zeitlang wirklich viel Geld ausgegeben, es waren auch viele Kaufrauschanfälle dabei.

pro Jahr für Kleider bekommt. Er wollte, dass sich Anna beim Einkauf von Kleidung ein wenig beschränkt, da hat sie nein gesagt.

Ich war immer auf der Suche nach Anerkennung von meinen Eltern und von meinem Mann. Ich habe eine Zeitlang wirklich viel Geld ausgegeben, es waren auch viele Kaufrauschanfälle dabei. Ich habe so viel Kleidung, die Hälfte habe ich inzwischen weggegeben, aber es ist immer noch so viel. Ich habe die Übersicht verloren.

Anna gibt zu, dass sie gerne teure Sachen um den halben Preis kauft, *ja und manchmal kauf ich sie auch um den ganzen Preis!* Individueller Ausdruck ist ihr wichtig. Viele Leute würden viel Geld für Kleidung ausgeben, ohne Geschmack zu haben. Sie weiß, dass sie Geschmack hat, sie ist auch sehr kreativ und zaubert aus ganz einfachen Dingen tolle Outfits.

Schwarz, meint Anna, ist praktisch und immer edel und man kann damit alles kombinieren. Sie bekommt viele Komplimente, sogar von der neuen Frau ihres Ex-Ehemanns: *Sie sagt, ich bin die bestangezogene Frau der Stadt.*

Ich denke, Anna freut sich auch über dieses Kompliment.

Bestandteile eines figurativen Kleiderschranks

Schlüsselthemen

IN DEN PORTRÄTS, die kurze Ausschnitte der längeren Interviews sind, wurden die 25 Frauen der bereits schon öfters erwähnten Studie vorgestellt. Aus der Fülle der Informationen und Einblicke, die in den 25 Interviews enthalten waren, wurden mittels der Forschungsmethode einer „Thematischen Inhaltsanalyse"[30] sieben Schlüsselthemen herausgearbeitet.

Diese sieben Themen werden nun ganz kurz vorgestellt und jeweils mit einer „Verzierung" in Form eines passenden Zitats aus der Welt der Mode eingeleitet.

THEMA 1	Identität und Stil
THEMA 2	Prägende Erinnerungen und Vorbilder
THEMA 3	Interesse für Mode im Laufe des Lebens
THEMA 4	Befindlichkeit und Gefühle
THEMA 5	Farben
THEMA 6	Neue Lebensphasen
THEMA 7	Nachhaltigkeit

IDENTITÄT
und Stil

Die Essenz von Stil ist, auf einfache Weise etwas Komplexes zu schaffen.

(Giorgio Armani[31])

DAS ERSTE THEMA, Identität und Stil, wurde in den Antworten vielfach mit dem Ausdruck der eigenen Persönlichkeit verknüpft. Den eigenen Stil, die eigene „Mode-Persönlichkeit" zu entdecken, zu entwickeln sei oft eine gezielte Handlung und ein Prozess gewesen. Manche der Damen konnten dies alleine finden, andere haben sich Hilfe geholt, sei es durch Modeverkäuferinnen, eine Stil- oder Farbberaterin, durch Freundinnen, Töchter und Enkeltöchter. Einige Damen erklärten sogar, dass sie sich den eigenen Stil erkämpfen mussten!

Von „Markenzeichen" als eigene Pfeiler der Modeidentität war sogar die Rede. So hat beispielsweise eine Dame eine Kombination aus einem großen, hängenden Ohrring und einem kleinen Ohrstecker zu ihrer speziellen Note entwickelt. Eine andere Dame wiederum benutzt stets einen farbigen Schirm anstelle eines Stocks und hat ihre Schirmsammlung auf stolze 28 Stück gebracht. Die Farbpalette spielt bei der Identität eine wichtige Rolle, diese kann sich allerdings im Laufe des Lebens ändern (es stellte sich heraus, dass die Farbpalette keineswegs von „Modeerscheinungen" abhängig ist).

Um den eigenen Stil finden zu können – ob mit oder ohne Hilfe – benötigt es laut Lyn Slater[32] zwei Grundprinzipien, die alles andere als selbstverständlich sind, denn: Man kann nicht stilvoll sein ohne grundlegende Selbsterkenntnis und Selbstakzeptanz.

Der manchmal lange Weg, den eigenen Stil zu finden, hat viel mit Prioritäten, Disziplin und Loslassen zu tun und manchmal benötigt man hierfür Unterstützung. Hat man aber, wie auch immer, seinen eigenen Stil einmal gefunden, ist man für sich selber immer gut gekleidet und zufrieden.

PRÄGENDE
Erinnerungen und Vorbilder

Ein Couturier muss ein Architekt für den Schnitt, ein Bildhauer für die Form, ein Maler für die Farben, ein Musiker für die Harmonie und ein Philosoph für den Stil sein.

(Cristobal Balenciaga[33])

ALS TRÄGERINNEN der Hauptvorbildfunktion gingen eindeutig die jeweiligen Mütter der Interviewpartnerinnen hervor. Diese Vorbildfunktion ging jedoch in zwei diametral verschiedene Richtungen: Zum einen waren für manche der Interviewpartnerinnen die Mütter positive Vorbilder, sie werden als „äußerst gepflegt" und „elegant" beschrieben, es waren Frauen, die es trotz oft großer finanzieller Entbehrungen schafften, sich und ihre Kinder „tipptopp" zu kleiden. Da gab es Erzählungen von Kleidern aus alten Vorhängen und Tischtüchern, sogar von Mänteln und Jacken aus Decken. Gerade bei den Müttern, die als positive Vorbilder genannt wurden, war ein Interesse an Mode und Bekleidung um das Erscheinungsbild ihrer Töchter vorhanden.

Andere Mütter der Interviewpartnerinnen hingegen wurden als negative Vorbilder eingestuft, entweder weil sie völlig desinteressiert an Mode und Bekleidung waren, schlechten Geschmack hatten oder vordergründig nur an sich selber dachten.

Interessanterweise wurde die Vorbildfunktion nicht nur von Frauen der älteren Generation wahrgenommen, sondern in einigen Fällen wurden hier die Töchter und in zwei Fällen die Enkeltöchter erwähnt.

Die kargen Kriegs- und Nachkriegsjahre, die viele der interviewten Frauen als Kinder oder Jugendliche noch erlebt hatten, spielten eine untergeordnete Rolle bei den Antworten. Aber eine Nähmaschine und jemanden, der nähen konnte, in der Familie zu haben, das war Goldes wert in dieser Zeit. Lobend und dankbar erwähnt wurden Personen als Vorbilder, die ehrlich sagten, was der jeweiligen Trägerin steht oder nicht steht. Dies waren, wie sich herausstellte, oft Tanten. Das Thema Mode stellt sich als eines heraus, das verschiedene Generationen miteinander verbinden kann.

Als berühmte Vorbilder wurden häufig die Schauspielerinnen Romy Schneider, Audrey Hepburn und Senta Berger genannt sowie die Stilikone Jackie Kennedy-Onassis. Die frühere Bundeskanzlerin Brigitte Bierlein und die Landeshauptfrau von Niederösterreich, Johanna Mikl-Leitner, fanden auch Erwähnung als positive Vorbilder in Sachen Mode.

INTERESSE
für Mode im Laufe des Lebens

Ich stecke weder in der Vergangenheit fest, noch bin ich Avantgarde. Mein Stil folgt einfach dem Leben.

(Coco Chanel[34])

ETWAS verblüfft war ein Teil der Interviewpartnerinnen bei der Frage nach einer etwaigen Veränderung ihres Interesses für Mode und Kleidung in ihrem langen Leben. Diese Frage hatten sich die wenigsten je gestellt, aber es stellte sich heraus, dass sich etwas geändert hat, die Wirkung: Die Zeiten, als die Frauen einen Raum betraten und sich alle Blicke auf sie richteten, seien längst vorbei. War in der Jugend eher die äußere Wirkung Triebfeder des Kleidens und Herrichtens, so scheint im Alter die Wirkung für sich selbst das Vorrangige zu werden.

Bei etlichen Damen der Befragung ist das Thema Kleidung markant wichtiger geworden, denn sie haben wesentlich mehr Zeit und Muße darauf zu achten. Hinzu kommt, dass es inzwischen viele zusätzliche Möglichkeiten zum Einkaufen gibt: Online-Bestellungen, Kataloge oder, wenn auf die Euros & Cents geschaut wird, tolle Humana-Geschäfte und Flohmärkte, Garderobe-Tausch-Events und natürlich herkömmliche Geschäfte und Boutiquen.

Entlang des Lebensweges hat Kleidung auch im fortgeschrittenen Alter das Potenzial, eine zentrale Unterstützung im Leben zu werden. So bietet sie „performative pleasure".[35] Mag schon sein für den äußeren Betrachter, dass ältere Frauen nicht so vordergründig den Corso bestimmen, sie stechen weniger mit schreienden Farben oder gewagten Outfits heraus. Ihr Modestatement ist subtiler, verschwiegener, ja intimer. Allerdings, Stilikone Iris Apfel ruft auf zu bunt, bunter, am buntesten und auffallend, auffallender und am auffallendsten. Erfinderisch zu sein lautet die Devise.

Fanny Karst, eine junge französische Designerin in New York City, macht Designs ausschließlich für ältere Frauen und hatte ihren Durchbruch mit Slogans auf T-Shirts, hier einige Beispiele:

„Not dead yet"
„Old is the new black"
„Not at your age"
„Let's begin with the end"

Humor ist also wichtig! Komplimente sind auch sehr wichtig, denn sie geben Frauen die Bestätigung, gesehen und beachtet zu werden. Wie die Studie aufzeigt, sind ältere Frauen alles andere als „unsichtbar".

Wir können mit Kleidung vieles in Szene setzen beziehungsweise einiges kaschieren. Dies hängt davon ab, welche Akzente gesetzt werden: welche Schnitte, welche Rocklängen und Ärmellängen, welche Stoffe, Muster oder Farben wir wählen; wo sind Taschen, Nähte, Schlitze auf Kleidungsstücken angebracht; wie ist der Ausschnitt und vieles mehr; beinahe eine Wissenschaft für sich. Toleranz spielt heute eine Rolle, dies sowohl gegenüber sich selber und der veränderten eigenen Erscheinung als auch gegenüber anderen.

Selbstbewusstsein und Gelassenheit sind alterslose Schönmacher.[36]

Bekannte Begleiterscheinungen wie Falten und Gewichtsveränderungen, Altersverfärbungen oder ergrautes Haar ändern anscheinend wenig an der Akzeptanz der eigenen Person – diese lernt geschickt und kreativ damit umzugehen.

BEFINDLICHKEIT
und Gefühle

Mode kommt aus einer Traumwelt und Träume sind eine Rettung in der Wirklichkeit.

(Christian Dior[37])

BEIM ersten Anblick der Fülle von Antworten zu diesem Themenkomplex fällt auf, wie selbstbewusst und selbstverständlich die Damen ihre Kleidung nur nach dem „Wohlfühl-Faktor" und dem Anspruch „sich selbst gefallen zu wollen" auswählen. Es sind starke, positiv formulierte Sätze, die hier artikuliert werden. Der eigene Stellenwert ist das Wichtigste – ohne die leiseste Andeutung von Egoismus. Es ist beeindruckend zu erfahren, wie wichtig sich die Damen in dieser Lebensphase selbst nehmen, auch ist es spannend zu sehen, wie sie sich selbst sehen. In ihrem schönen Buch „Wie Frauen sich sehen" führt uns die Kunsthistorikerin Frances Borzello vor Augen, wie alle Selbstbildnisse von Malerinnen aus den unterschiedlichsten Epochen „gemalte Autobiographien", Zeugnisse der jeweiligen Wirklichkeit sind.[38]

Ein Hauch von Wehmut ist manchmal vernehmbar, beispielsweise beim Anblick von ärmellosen Kleidern im Kasten oder welche mit engem Gürtel oder kurzen Rocklängen. Gute Kleidung im Alter ist ästhetisch und zeitlos und das eigene Spiegelbild soll ein „Freund" sein, sprich wohlwollend und tolerant.

Zweifelsohne bejahen die Damen, dass Kleidung ihre Befindlichkeiten und Gefühle beeinflusst und dies paradoxerweise auf verschiedene Art und Weise. Zum einen deuten die Antworten darauf hin, dass sie besonders, wenn es ihnen gut geht, auf ihre Kleidung schauen, Lust am Kombinieren und Ausprobieren finden. Zum anderen deuten die Erzählungen darauf hin, dass Kleidung sehr aufbauend und ermutigend wirkt, wenn es ihnen nicht so gut geht; schön gekleidet zu sein ist also Ziel, Motor und Trost.

Kleidung kann das Selbstbewusstsein heben, aber sie kann auch, wenn man sich nicht wohl darin fühlt, genau das Gegenteil bewirken, wie so anschaulich in der Kurzgeschichte „The New Dress" von Virginia Woolf beschrieben.[39] Es ist daher elementar wichtig, dass sich Frauen in ihrer Kleidung wohl fühlen.

FARBEN

Mode ist ein Kinofilm.
Jeden Morgen, wenn du dich anziehst,
richtest du die Regie an dich selbst.

(Thierry Mugler)

ERSTAUNLICH war die Klarheit, in der die Damen über Farben gesprochen haben, hier erschien es, dass die lebenslange Erfahrung mit dem „Sich-Bekleiden" eine gewisse Sicherheit entstehen hat lassen. Das ständige Wechselspiel der kurzlebigen Modeindustrie mit dem Diktat der „Saisonfarben" wurde sehr kritisch gesehen, umso wichtiger ist es, dass jeder Frau klar ist, was ihr selber gut steht. Die große Mehrheit der Interviews enthielt zu diesem Thema klare Botschaften und Expertise.

Einige Damen haben sich eingehend mit Farben beschäftigt, viel herumprobiert und sich Anleitungen geholt. Ob die Farben, wie beispielsweise in der Farbenbibel „Colour Me Beautiful",[40] tatsächlich „Farben fürs Leben" bleiben, ist nicht eindeutig zu sagen, dies hängt sehr von den veränderten Gegebenheiten rund um Haut und Haarfarbe ab.

Die Farbe Lila wird assoziativ mit dem Alter verbunden. Dies ist exemplarisch ersichtlich im Gedicht „Warning – When I am an old woman I shall wear purple" von Jenny Joseph.[41]

Sehr divergierend waren die Antworten zur Farbe Schwarz. Einerseits wird davon geschwärmt, da sie äußerst elegant ist und sich so gut kombinieren lässt:

Grundgarderobe Schwarz und darauf dann das Drama der Farben entfalten, so Susanne Mayer über Lisl Steiner, Exil-Wienerin, berühmt-berüchtigte Fotoreporterin, Zeichnerin und Autorin.[42]

Unbestritten, die Farbe Schwarz ist gut geeignet, gewisse Stellen ein wenig zu „kaschieren", und sie passt außerordentlich gut zu weißen Haaren. Andererseits wurde die Farbe Schwarz häufig mit Begräbnissen und Trauer assoziiert und diese unausweichliche Perspektive rückt näher, je höher die Jahreszahl im Lebenslauf ist.

NEUE
Lebensphasen

Kleider können einem Selbstvertrauen geben – oder es nehmen.

(Jasper Conrani[43])

WIE IST aber die Situation, wenn Frauen nicht mehr so viel unter Leuten sind, wenn sie beispielsweise in Pension gehen? Oftmals tritt nach dem Verlust eines Partners oder einer Partnerin eine neue Lebensphase ein. Richten sie sich für jemanden her? Hat es Sinn, sich gut anzuziehen, sich zu schminken oder Schmuck anzulegen? Zahlt es sich aus oder ist es nicht bequemer, einfach in der Jogginghose zu bleiben? Diese und ähnliche Fragen haben sich viele Leute vermutlich auch während der COVID 19-Pandemie gestellt.

Auch in anderen altersspezifischen Lebensübergängen wie beispielsweise dem Wechsel in eine andere Wohnumgebung (Pensionistenheim, Einrichtung des Betreuten Wohnens, Altersresidenz) stellen sich die Fragen, wie man mit diesen neuen Lebensphasen umgeht. Das „Sich-Herrichten" kann ein Teil der Antwort sein, wie man Lebensübergänge bewältigt.

Es mag paradox klingen, aber viele Frauen gewinnen, wenn sie älter werden, an Konturen. Die Persönlichkeit, durch die Jahre und viele Herausforderungen geformt, lässt nun die Gesichtszüge klarer und mitunter kantiger werden und das Erscheinungsbild, das nach außen getragen wird, unterstreicht diesen Prozess der inneren Veränderung. Falls überhaupt Schönheitschirurgie im Spiel war, so kann dies nicht den inneren Ausdruck verbessern, dies ist eine Sache von Haltung und Einstellung, sich selbst, dem Umfeld und dem Leben gegenüber.

Als notwendige Tugend in Sachen Mode und Bekleidung im Alter wurde „Disziplin" genannt. Man solle nicht „einfach so" auf die Straße gehen, denn man wisse nie, wen man dort trifft oder was einem zustoßen könnte, man müsse „ein Bild für die Öffentlichkeit entwerfen".

NACHHALTIGKEIT

Dinge miteinander mischen, die Idee von Fusion besonders jetzt, wo die Modewelt so global ist.

(Ashley Isham[44])

DAS THEMA Nachhaltigkeit kristallisierte sich differenziert aus den Antworten der Interviews heraus. Zum einen war damit gemeint, Kleidungsstücke und Artefakte auf Qualität hin auszuwählen, damit sie länger halten. Dies wiederum hängt nicht unbedingt mit ökonomischen Gründen zusammen, sondern eher mit emotionalen.

In ihrem wunderbaren Buch „My Mother's Clothes" schreibt die Autorin neben einem Bild vom Pelzmantel ihrer Mutter:

In the years since she's been gone, I've taken to curling up beneath my mother's fur coat; it comforts me. […]; sometimes I take naps with the coat as a blanket and am transpor-

ted by the mixture of smells and a lingering odor of a perfume no longer in existence.

Der Umgang mit Kleidungsstücken ist also ein „multi-sensory experience" – alle Sinne werden in Gang gesetzt, sie riechen, sie können ertastet werden, das Auge kann sich erfreuen. Kleidungsstücke sind eindeutig ein Katalysator für Erinnerungen.

Der Begriff von Nachhaltigkeit geht in manchen Interviews einen Schritt weiter, indem die Frauen besondere Kleidungsstücke und modische Gegenstände gerne an die nächste Generation weitergeben wollen. Oft ist es auch die jüngere Generation, die dies so möchte. Bei manchen Interviewpartnerinnen war eine gewisse Wehmut zu entnehmen, dass Stücke der eigenen Mutter oder Großmutter nicht aufgehoben wurden.

Ein weiterer Punkt für das Thema Nachhaltigkeit ist die Entwicklung von „Re-Cycling"- oder „Up-Cycling"-Möglichkeiten, beispielsweise Kleidertauschpartys, Tauschprojekten oder Flohmärkten. Diese Veranstaltungen können innerfamiliär, im Freundeskreis oder in der Nachbarschaft organisiert werden. Ein weiteres Beispiel sind die Kleidertauschpartys vom „Projekt Garderobe"[45] in Wien 7. Flohmärkte und Second Hand-Shops sind im weiteren Sinne eigentlich eine Art Re-Cycling-Methode und machen oft große Freude. Großen Spaß bereiten kann auch das Inter-Generationen-Shopping und Styling mit Kindern und Enkelkindern (vorwiegend wurden hier Töchter und Enkeltöchter genannt, aber auch Söhne).

Nachhaltigkeit wurde zusätzlich im Sinne von bewusst, energie- und ressourcenschonend als „Eco Fashion" thematisiert. Etliche der Damen hatten sich Gedanken hinsichtlich der Produktion und Herstellung ihrer Kleidungsstücke gemacht. Es war ihnen wichtig, welche Stoffe verwendet wurden, ob diese aus Naturfasern gefertigt waren und wie und unter welchen Bedingungen für die Näherinnen die Kleidungsstücke produziert werden. Ein Bewusstsein für Ökotextilien und eine Sensibilisierung für „Fair Trade"-Belange war in den Antworten eindeutig vernehmbar.

Conclusio der Ergebnisse

AM ENDE dieser kleinen Modeschau, bei der 25 Frauen im Alter zwischen 63 und 103 vor den Vorhang gebeten wurden und am „Catwalk" stolzierten, ist es an der Zeit anhand der Einblicke, die sie in ihren Interviews gegeben haben, Antworten auf die Forschungsfragen und aufgestellten Hypothesen der Studie zu geben.

Zur grundsätzlichen Frage, ob sich der Stellenwert von Mode und Bekleidung im Lebenslauf älterer Frauen verändert, ist Folgendes zu sagen: Keinesfalls wird der Stellenwert im Alter geringer. In etlichen Fällen wurde berichtet, dass der Stellenwert gleich bleibt, in etlichen wiederum wurde er größer.

Bei älteren Frauen und Kleidung geht es in erster Linie um sie selber. Es geht um sie als „Subjekt" und nicht als Objekt, um „Sein" und nicht um „Funktionieren". Das fortgeschrittene Alter, das sie unabhängiger von Verpflichtungen in Familie und Beruf macht, kann für viele Frauen eine neue Freiheit bedeuten. In dieser Freiheit haben sie Gelegenheit, ein „Statement" über sich und ihre Haltung zum Leben abzugeben; ein Statement, das nach außen gesetzt wird und von innen durch Einstellung, Erfahrung und Geschmack fundiert ist. Geld spielt dabei keine so große Rolle, es gibt viele Möglichkeiten, günstig und äußerst kreativ zu kaufen, zu tauschen, zu adaptieren. Dies macht sogar oft mehr Spaß.

Keinesfalls werden Frauen im Alter „unsichtbar", eher gewinnen sie an Konturen und entdecken mit oder ohne Hilfe Stil in sich selber. *Eine Frau hat kein Alter,* modisch gesehen, es geht eher um den *gekonnten Umgang mit Verletzlichkeit und Zerbrechlichkeit, das eigensinnige Behaupten von Form im Angesicht der Vergänglichkeit.*[46]

Kleidung ist einerseits Ausdrucksform der jeweiligen Trägerin und andererseits gleichzeitig bis zu einem gewissen Grad das Abbild des Zeitgeschmacks. In unseren österreichischen Breiten sehen wir, dass beispielsweise die Tracht eine Form von Bekleidung ist, die unabhängig vom Zeitgeist existiert, mitunter allerdings in adaptierter Form. Mode und gesellschaftlicher Wandel bedingen und befruchten sich gegenseitig. Für einige der Interviewpartnerinnen war es in ihrer Jugend noch undenkbar Hosen zu tragen. Heute ist dies für die meisten Frauen eine Selbstverständlichkeit.

Grundsätzlich ist Mode ein Thema, das seit Jahrhunderten viele soziale Gruppen quer durch die Gesellschaft beschäftigt. Roland Girtler[47] erklärt uns in seinem Buch „Die feinen Leute": *Charakteristisch für die Kleidungsmode ist [...] ein Doppeltes. Einmal die Absicht, Menschen nachzuahmen, die Vorbildcharakter haben. Dazu gehören vor allem jene, die sozial mächtig sind und zur sozialen Elite gehören. Und zum zweiten der Versuch, klar von denen symbolhaft abzurücken, mit denen man nicht identifiziert werden will. Grundsätzlich resultiert aus der Dialektik dieser beiden Elemente die Dynamik der Mode.* Die Grenzziehungen zwischen den sozialen Gruppen sind also weniger starr geworden, aber die Codes[48] sind sichtbar.

Das Interesse für Mode und Bekleidung stellte sich als nicht unbedingt tradiert heraus, Vorbilder können, müssen aber nicht sein. Wenn Vorbilder gegeben sind, dann kommen diese nicht nur aus einer älteren Generation wie Mütter und Tanten, sondern auch aus der jüngeren Generation wie Töchter und Enkelinnen. Kleidung kann über Generationen besondere dynamische Verbindungen herstellen, die sich gegenseitig bereichern. Fest steht auf jeden Fall, dass auch im Alter positive Vorbilder wichtig sind.

Mode kann im Alter durchaus lustvoll sein, sie kann elegant, flippig, bunt und locker sein. Die nach außen getragene Botschaft spiegelt die Seele der Trägerin.

Die Lust an Kleidung ist für das Selbstbewusstsein und für die Freude wichtig. Kleidungsgegenstände und Artefakte sind Ressourcen, sie können als Katalysatoren für die Erinnerung fungieren und schaffen dadurch Zugang zu positiv besetzten Phasen und Räumen des Lebens. Glück und Wohlbefinden der älteren Damen erscheinen nicht abhängig von Status, Geld oder Wohnraum.

In den Interviews und den daraus folgenden Einblicken und Eindrücken, die während der Studie gewährt wurden, zeichnete sich ein klares „Spiegelbild" ab, dass Modefreuden viele Frauen tatsächlich ein Leben lang begleiten und ihnen reichlich Lebensfreude bereiten.

Dieses kleine Buch endet mit den Worten der 93-jährigen Vera A.:

Es macht mir solche Freude.

Epilog

IM FRÜHJAHR 2008 verbrachte ich einige Tage in der Toskana mit meiner Cousine Gioia und durfte eine Szene rund um eine alte Dame miterleben, die nachhaltig zum Entstehen dieses Buches beitrug.

Eine Gesellschaft feierte ausgiebig in einer kleinen florentinischen Trattoria. Gelächter und Musik ertönten bis hinaus auf die Straße. An einem Tisch im Vorgarten des Lokals saß eine zierliche alte Signora. Sie war auffallend gekleidet, Hut mit Netz-Schleier, Kostüm und Handschuhe, alles in der Farbe Terracotta, und dazu passend Schuhe und Handtasche. Sogar das Getränk in ihrem Glas spiegelte die warme, herbstliche Farbe wider – vermutlich ein Campari oder ein Aperol Spritz.

Jedenfalls saß sie in sich ruhend da. Auf mich machte es den Anschein, dass sie diesen Moment für sich genoss und innehielt – fast könnte man sagen, eine kleine Feier mit sich selber feierte, ehe sie sich wieder zur größeren Gruppe im Innenraum gesellte.

Wie ich später erfuhr, als ich den Wirt darauf ansprach, war es ihre eigene große (und eigene kleine) Feier in seinem Lokal, ihr 100. Geburtstag. Diese Szene ließ mich nicht los, so geprägt war sie von bescheidener Grandezza, Harmonie und Kleidungsstil.

Danksagung

MEIN DANK gilt Franz Kolland vom Institut für Soziologie der Universität Wien, er ermöglichte meine Studie über „Modefreuden – Kleidung als Aussage über Identität und Lebensgeschichte älterer Frauen" im Rahmen eines Projektes der Universität Wien über Kultur und Alter. Anna Wanka gab mir wichtige Impulse für die Konzeption der Studie und Vera Gallistl begleitete meine Arbeit und gab mir die Möglichkeit, Vorlesungen darüber abzuhalten. Karoline Bohrn war meine „Tutorin" bei den Zoom-Vorlesungen über die Studie.

Bei den Überlegungen zur Studie war Beatrix Steinhardt eine spannende Ressource und meine langjährigen Freundinnen Claudia Spring vom Volkskundemuseum Wien und Traudl Stanek waren in den weiteren Phasen Säulen der Unterstützung.

Ein herzliches Dankschön an Barbara Rett für ihr inspirierendes Vorwort.

Martha Keil und Gexi Tostmann, Brigitte Tauchner, Rudolfine Rädler und Mustafa Halilovic sei gedankt für ihre Unterstützung bei den Vorbereitungen rund um die Ausstellungen.

Brigitta Schwarzer und Barbara Bittner unterstützten mich beim Netzwerken, Valerie Altmann stellte eine PowerPoint-Präsentation über das Projekt zusammen, Eva Nahrgang war immer zur Stelle, wenn ich sie brauchte, Kathleen Brandhofer-Bryan und Anna-Maria Lenz waren hilfreiche und kreative „sounding boards" für Ideen und Vorstellungen.

Mein Mann Christian Hoffmann ermutigte mich zu diesem Vorhaben und Robert Ivancich vom Kral Verlag setzte es mit seinem Team, Anne Saskia Schmutterer, Katharina Zenger und Barbara Geiswinkler, um.

Ein großes Danke an alle Sponsoren und Sponsorinnen für die großzügige finanzielle Unterstützung, diese waren:
Ursi Fürtler; Johanna Haimberger; Studienvertretung Soziologie am Institut für Soziologie der Universität Wien; Land Niederösterreich, Abt. Wissenschaft und Forschung; EVN; Soroptimist Frauen Club Mödling.

Zuallerletzt möchte ich mich sehr herzlich bei den Damen danken, die mir so viele Einblicke in ihre Lebensläufe und Kleiderkästen gewährt haben. Sie sind in Wirklichkeit:

Carolina R. = Dorothea S.
Gerlinde R. = Hedi S.
Gisela P. = Hildegard R.
Dora R. = Elfie S.
Vera A. = Wilma B.
Barbara G. = Christiane H.
Susanne R. = Therese S.
Henriette L. = Irene M.
Flora R. = Maria P.
Veronika A. = Waltraud B.
Bibiana I. = Christine J.
Grete G. = Helene H.
Friederike F. = Gertrude G.
Zita R. = Anna S.
Liselotte G. = Maria H.
Eleonore T. = Felizitas S.
Sonia R. = Traudl S.
Dagmar Y. = Elisabeth Z.
Lara V. = Maresa W.
Katja Z. = Lucie A.
Heidi K. = Ingrid L.
Birgit E. = Christl F.
Beate B. = Christa C.
Desirée A. = Elizabeth B.
Anna R. = Brigitta S.

Wir hatten viel Freude bei der Arbeit an diesem Projekt. Danke!

Literatur

Apfel, Iris (2019): Accidental Icon. Stil ist keine Frage des Alters. Zürich: Midas Collection.

Barthes, Roland (1985): Die Sprache der Mode. Frankfurt am Main.

Bild, Peter/Messinger, Irene (Hg.) (2018): A Cherry Dress. Kommentierte Memoiren der exilierten Bühnen- und Lebenskünstlerin Anita Bild. Mainz – Vienna: Mainz University Press/Vienna University Press.

Blimlinger, Eva et al. (1996): Lebensgeschichten: Biographiearbeit mit alten Menschen. Hannover: Vincentz Verlag.

Borzello, Frances (1998): Wie Frauen sich sehen. Selbstbildnisse aus fünf Jahrhunderten. München: Karl Blessing Verlag.

Diekmann, Andreas (2014): Empirische Sozialforschung. Grundlagen, Methoden, Anwendungen. Reinbek bei Hamburg: Rowohlt Verlag.

Dressel, Gert/Müller, Günter (Hg.) (1996): Geboren 1916. Neun Lebensbilder einer Generation. Wien: Böhlau Verlag.

Eismann, Sonja (Hg.) (2012): Absolute Fashion. Freiburg: Orange Press.

Ernaux, Annie (2017): Die Jahre. Berlin: Suhrkamp.

Fuchs-Heinritz, Werner/König, Alexandra (2014): Pierre Bourdieu. Eine Einführung. Konstanz-München: UVK Verlagsgesellschaft.

Generali Altersstudie (2017): Wie ältere Menschen in Deutschland denken und leben. Berlin: Springer-Verlag.

Gereben, Cornelia/Kopinitsch-Berger, Susanne (1998): Auf den Spuren der Vergangenheit. Anleitung zur Biographiearbeit mit älteren Menschen. Wien-München-Bern: Verlag W. Maudrich.

Girtler, Roland (2012): Die feinen Leute. Von der vornehmen Art, durchs Leben zu gehen. Wien: Böhlau Verlag.

Gürtler, Christa/Hausbacher, Eva (Hg.) (2015): Kleiderfragen – Mode und Kulturwissenschaft. Bielefeld: Transcript Verlag.

Haiden, Christine/Rainer, Petra (2006): Vielleicht bin ich ja ein Wunder. Gespräche mit 100-Jährigen. St. Pölten-Salzburg: Residenz Verlag.

Heidenreich, Elke (2020): Männer in Kamelhaarmänteln. Kurze Geschichten über Kleider und Leute. München: Carl Hanser Verlag.

Jackson, Carole (1985): Colour Me Beautiful. Bern-Stuttgart: Hallwag Verlag.

Lamnek, Siegfried (2005): Qualitative Sozialforschung. Weinheim-Basel: Beltz Verlag. 4. vollständig überarbeitete Auflage.

Mayer, Susanne (2017): Die Kunst, stilvoll älter zu werden. München: Piper Verlag.

Merten, Klaus (1995): Inhaltsanalyse. Einführung in Theorie, Methode und Praxis. Opladen: Westdeutscher Verlag.

Mitterauer, Michael (1983): Damit es nicht verloren geht. Wien: Böhlau Verlag.

Montgomery Barron, Jeannette (2009): My Mother's Clothes. China: Welcome Books.

Morché, Pascal (2008): 365 Tage Fashion. München: Prestel Verlag.

Piras, Claudia/Roetzel, Bernhard (2002): Die Lady: Handbuch der klassischen Damenmode. Köln: DuMont-Monte Verlag.

Thompson, Paul (1978): Voice of the Past. Oral History. Oxford: Oxford University Press.

Twigg, Julia (2013): Fashion and Age. Dress, the Body and later Life. London: Bloomsbury Academic.

Woolf, Virginia (1927): The New Dress. New York Magazine, The Forum, May ed. Later published in: Woolf, Virginia (1944): A Haunted House and Other Short Stories. London: Hogarth Press.

Anmerkungen

1 Twigg, Julia (2013): Fashion and Age. Dress, the body and later life. London: Bloomsbury Academic.
2 Generali Altersstudie (2017). Berlin: Springer-Verlag.
3 Fashion Studies – Forum für kritische Auseinandersetzung mit Mode. Hg. Gertrud Lehnert, Universität Potsdam.
4 Barthes, Roland (1967): Die Sprache der Mode. In: Eismann, Sonja (2012): Absolute Fashion. Freiburg: Orange Press.
5 Ernaux, Annie (2017): Die Jahre. Berlin: Suhrkamp.
6 „Beige ist Out": Artikel von Christina Böck, Wiener Zeitung, 6. März 2020.
7 Baum-Breuer, Elizabeth (2017–2021): „Modefreuden – Kleidung als Aussage über Identität und Lebensgeschichte älterer Frauen". Eine qualitative Studie in Österreich. Institut für Soziologie, Universität Wien.
8 Viken, Barbara (2017): Stil hat kein Ablaufdatum. Wiener Journal, 17.3. Literaturwissenschaftlerin.
9 Engelhart-Haselwanter, Edith (2010): Lebensbuch. Verein Vorarlberger Kinderdorf. Bregenz.
10 Gereben, Cornelia/Kopinitsch-Berger, Susanne (1998): Auf den Spuren der Vergangenheit. Anleitung zur Biographiearbeit mit älteren Menschen. Wien-München-Bern: Verlag W. Maudrich.
11 Haiden, Christine/Rainer, Petra (2006): Vielleicht bin ich ja ein Wunder. Gespräche mit 100-Jährigen. St. Pölten-Salzburg: Residenz Verlag; Blimlinger, Eva et al. (1996): Lebensgeschichten: Biographiearbeit mit alten Menschen. Hannover: Vincentz Verlag; Bild, Peter/Messinger, Irene (Hg.) (2018): A Cherry Dress. Kommentierte Memoiren der exilierten Bühnen- und Lebenskünstlerin Anita Bild. Mainz-Vienna: Mainz University Press/Vienna University Press.
12 Beispiele: Erzähl-Cafés in Kooperation mit DOKU Lebensgeschichten, dem Wien Museum und der Erzählcafé-Aktion; Gesprächskreis im Wien Museum. 1010 Wien, Felderstraße 6-8, Museum MUSA.
13 Mayer, Susanne (2017): Die Kunst, stilvoll älter zu werden. München: Piper Verlag; Heidenreich, Elke (2020): Männer in Kamelhaarmänteln. Kurzgeschichten über Kleider und Leute. München: Carl Hanser Verlag; Gürtler, Christa/Hausbacher, Eva (Hg.) (2015): Kleiderfragen – Mode und Kulturwissenschaft. Bielefeld: Transcript Verlag; Barthes, Roland (1985): Die Sprache der Mode. Frankfurt am Main.
14 Morché, Pascal (2008): 365 Tage Fashion. München: Prestel Verlag; Piras, Claudia/Roetzel, Bernhard (2002): Die Lady: Handbuch der klassischen Damenmode. Köln: DuMont-Monte.

15 Das Nachbarschaftszentrum des Hilfswerks in Wien 15 ist ein sehr gutes Beispiel für solche Aktivitäten; Projekt „Garderobe", Wien 7.
16 Thompson, Paul (1978): Voice of the Past. Oral History. Oxford: Oxford University Press.
17 Mitterauer, Michael (1983): Damit es nicht verloren geht. Wien: Böhlau Verlag; Dressel, Gert/Müller, Günter (Hg.) (1996): Geboren 1916. Neun Lebensbilder einer Generation. Wien: Böhlau Verlag.
18 Apfel, Iris (2019): Accidental Icon. Stil ist keine Frage des Alters. Zürich: Midas Collection.
19 Fanny Karst: The Old Ladies Rebellion. New York City. Designer Mode für ältere Frauen.
20 Lyn Slater: "Accidental Icon Blog". Clinical Associate Professor Graduate School Fordham University.
21 Montgomery Barron, Jeannette (2009): My Mother's Clothes. China: Welcome Books.
22 Breuer-Mautner, Käthy (1975): G'schichten aus dem Elternhaus. Archiv für die Geschichte der Soziologie in Österreich (Graz), Virtuelles Archiv „Marienthal".
23 Baum-Breuer, Elizabeth (2011): Dissertation: „Transnational Adoptions and Life-Trajectories. A biography study of teenage and young adult adoptees living in Austria, England and Sweden."; Baum-Breuer, Elizabeth/Nahrgang, Eva (2014): „Lebenswege. Ein Geschichtenbuch rund um die sozialpädagogische Einrichtung in Pottenstein". Berndorf: Kral Verlag; Baum-Breuer, Elizabeth (2019): „Eine schwere Entscheidung mitten in der Nacht". In: Juden in Mitteleuropa, Ausgabe 2019. St. Pölten: Institut für jüdische Geschichte Österreichs.
24 Lamnek, Siegfried (2005): Qualitative Sozialforschung. Weinheim-Basel: Beltz Verlag. 4. vollständig überarbeitete Auflage.
25 Modefreuden – Kleidung als Aussage über Identität und Lebensgeschichte älterer Frauen (2017–2021).
26 Jackson, Carole (1984): Colour Me Beautiful.
27 Ruth Glaser, Wien, Farbberatung am 5.12.1998.
28 Florette Pirquet Breuer, 2004, Begebenheit in einem Pflege- u. Betreuungsheim, in Anwesenheit der Autorin, Mödling.
29 Buddies-Wohnprojekt, Wien.
30 Merten, Klaus (1995): Inhaltsanalyse. Einführung in Theorie, Methode und Praxis. Opladen: Westdeutscher Verlag.
31 Giorgio Armani, italienischer Modedesigner, geboren 1934.
32 Lyn Slater: "Accidental Icon Blog". Clinical Associate Professor Graduate School Fordham University.

33 Cristobal Balenciaga, spanischer Couturier, 1895–1972, bekannt als „Gralshüter der Eleganz".
34 Coco Chanel (eigentlich Gabrielle Chanel), französische Modeschöpferin, 1883–1971.
35 Lyn Slater: Blog: Accidental Icon.
36 Mayer, Susanne (2017): Die Kunst, stilvoll älter zu werden. München: Piper Verlag.
37 Christian Dior, französischer Modeschöpfer, 1905–1957.
38 Borzello, Frances (1998): Wie Frauen sich sehen. Selbstbildnisse aus fünf Jahrhunderten. München: Karl Blessing Verlag.
39 Woolf, Virginia (1927): The New Dress. New York Magazine, The Forum, May ed. Later published in: Woolf, Virginia (1944): A Haunted House and other short stories. London: Hogarth Press.
40 Jackson, Carole (1985): Colour Me Beautiful.
41 Joseph, Jenny (1997): Warning: When I am old I shall wear purple. London: Souvenir Press.
42 Sorz, Uschi (2017): Stil hat kein Ablaufdatum. Wiener Journal, 17.3.2017.
43 Jasper Conran, englischer Designer, geb. 1959.
44 Ashley Isham, Fashiondesigner aus Singapur, in London tätig, geb. 1976.
45 Projekt Garderobe, Wien 7, Kirchberggasse 11-13.
46 Barbara Vinken in einem Interview mit der „Zeit", 2013/41, in Verbindung mit Gedanken des Modeschöpfers Yves Saint Laurent.
47 Girtler, Roland (2012): Die feinen Leute. Von der vornehmen Art, durchs Leben zu gehen. Wien: Böhlau Verlag.
48 Gürtler, Christa/Hausbacher, Eva (Hg.) (2015): Kleiderfragen – Mode und Kulturwissenschaft. Bielefeld: Transcript Verlag.